Siegfried Breyer · Großkampfschiffe 1905–1970
Band 1: England/Deutschland

Wehrtechnik im Bild

Wehrtechnik im Bild

Band 2: USA und Japan
Band 3: Mittelmeeranlieger, Rußland/Sowjetunion und ABC-Staaten Südamerikas

Siegfried Breyer

Großkampfschiffe 1905–1970

Eine Dokumentation in Bildern

Band 1: Großbritannien und Deutschland

Bernard & Graefe Verlag München

Das Bild auf dem Schutzumschlag zeigt das deutsche Schlachtschiff *Bismarck,* aufgenommen durch Herrn Ferdinand Urbahns im Spätsommer 1940 in Kiel.

Umfang: 176 Seiten

2. Auflage 1981

Satz, Druck und Bindung: W. Möller, Berlin
Lithos: Repro, Landshut
Printed in Germany
ISBN 3-7637-5145-9

In zwei Kriegen starben auf britischen und deutschen Großkampfschiffen mehr als 14 000 Männer. An sie zu denken, ruft dieses Buch auf.

Inhalt

Vorwort

Diese Bildbandserie - von der hier der erste Band vorgelegt wird - verdankt ihre Entstehung einem schon vor mehreren Jahren geäußerten Wunsch zahlreicher Besitzer des Standardwerkes „Schlachtschiffe und Schlachtkreuzer 1905–1970”. Immer wieder war aus diesem Kreis heraus zum Ausdruck gebracht worden, wie vorteilhaft es wäre, wenn - parallel zu den Hunderten von Schiffsskizzen in besagtem Werk - eine Serie ausgesuchter Fotoaufnahmen dieser Schiffe in die Hände der Interessenten gelangen könnte. Diesem Wunsch kann nun entsprochen werden, nachdem die überaus großen Bildbestände der Bibliothek für Zeitgeschichte gesichtet und ausgewertet worden sind. Bei der Auswahl wurden möglichst nur solche Bilddokumente verwendet, die entweder noch gar nicht oder nur einem kleineren Kreis von Marinefreunden bekanntgeworden sind. Nicht Schiffsportraits sollten in endloser Reihe präsentiert werden, sondern das Ziel war eher ein möglichst bunter, lebendiger Querschnitt durch alle Schlachtflotten der Welt.

Ursprünglich war nur ein Band vorgesehen, der zugleich auch Nachtrag und Berichtigungen zu »Schlachtschiffe und Schlachtkreuzer 1905–1970« enthalten sollte. Dank verlegerischer Initiative wurde daraus der Plan für drei Bildbände, der Nachtrag wird gesondert erscheinen oder später in die Nachauflage eingearbeitet. Dadurch können mehr als doppelt so viele Bilder und Informationen geboten werden, wenn die Serie vollständig vorliegt.

Der zweite Band ist USA und Japan vorbehalten, der dritte Band schließlich allen Mittelmeeranliegern (Frankreich, Italien, Spanien, Österreich, Ungarn und Türkei), Rußland bzw. der Sowjetunion und den ABC-Staaten Südamerikas.

Als besondere Zugabe wird dem Leser ein Beitrag über die Vorbereitungen geboten, die 1939 in Deutschland zum Bau der Schlachtschiffe des „Z-Planes” getroffen worden waren. Damit soll sichtbar werden, wie damals alle Kräfte mobilisiert und gestrafft wurden, um das gesteckte Ziel innerhalb der vorgegebenen Frist zu erreichen.

Um eine schnelle Kurzinformation über die jeweils abgehandelten und im Bild vorgestellten Großkampfschifftypen zu ermöglichen, wird in jeden Band eine tabellarische Zusammenstellung eingearbeitet, aus der sich die für die Beurteilung des Kampfwertes maßgebenden Fakten entnehmen lassen. Wo diese Angaben im Widerspruch zu jenen stehen, die das vorerwähnte Standardwerk „Schlachtschiffe und Schlachtkreuzer 1905–1970” vermittelt, so gelten die jetzt und hier gemachten und sich meist an neueren Forschungsergebnissen orientierenden Daten als zutreffend.

Zu großem Dank verpflichtet bin ich Herrn Professor Dr. Jürgen Rohwer, Direktor der Bibliothek für Zeitgeschichte, der mir in seinem Archiv freie Hand bei der Sichtung und Auswahl des Materials ließ und mich darüber hinaus oftmals durch seinen wohlgeschätzten Ratschlag unterstützte. Den gleichen Dank schulde ich meinen vielen Freunden und Korrespondenzpartnern, die mir beim Werden der Serie zur Seite standen und mir immer wieder wertvolle Hinweise haben zugehen lassen.

Wenn diese Bände den Freunden von Schifffahrt und Marine hier und da etwas Neues bringen, dann haben sie ihren Zweck erfüllt.

Siegfried Breyer

Einführung

Großkampfschiffe in Großbritannien und Deutschland

Als das neue Jahrhundert anbrach, verfügte die Royal Navy über die stärkste Linienschiffsflotte der Welt: 37 Einheiten standen im Dienst, alle nicht älter als höchstens 25 Jahre seit ihrem Stapellauf, und bis 1905 wuchs ihre Zahl gar auf 56 an. Deutschland besaß zu diesem Zeitpunkt weniger als ein Drittel davon – im Jahr 1900 waren es zehn vergleichbare Einheiten, 1905 erst siebzehn. Damit schien die britische Überlegenheit auf absehbare Zeit gesichert zu sein, denn diesen Vorsprung hätte die deutsche Marine wohl nur schwerlich einholen können. Um jene Zeit trieb die Entwicklung schon deutlich auf das „all big gun battleship" zu, und über kurz oder lang mußte es zu seiner Verwirklichung kommen; der Krieg in Ostasien und die dort gemachten Seekriegserfahrungen wirkten ohnehin beschleunigend darauf. Einer der prominentesten Verfechter dieses „all big gun battleship" war Admiral Sir John Fisher. Schon als Befehlshaber der britischen Mittelmeerflotte hatte er sich intensiv genug mit den Fragen der Weiterentwicklung der Linienschiffe befaßt. Als er 1904 Erster Seelord geworden war, hatte er die Basis erreicht, um seine Absichten zu verwirklichen. Seiner Initiative war es zuzuschreiben, daß die Pläne für ein solches „all big gun battleship" ausgearbeitet wurden, und bald darauf kam es – noch weiterhin angespornt durch Nachrichten aus den Vereinigten Staaten, wonach dort ähnliche Pläne in Arbeit sind – zu seiner Verwirklichung: Die *Dreadnought* wurde gebaut, und mit ihr brach die Ära der Großkampfschiffe an, die „Dreadnought"-Epoche. Mit diesem Schritt glaubten die Engländer, alle anderen Seemächte übertrumpft und sich einen Vorsprung gesichert zu haben, den keiner von jenen einzuholen imstande war. Dabei war hauptsächlich an die deutsche Marine gedacht, deren Aufbau auf Grund der Flottengesetze von 1898/1900 stark forciert wurde.

Parallel dazu gab man in England aber noch die *Invincible* und ihre beiden Schwesterschiffe in Bau, die ersten Schlachtkreuzer. Vergleichsweise zu *Dreadnought* – deren Bau nur einen Schritt in der Linienschiffsentwicklung bedeutete – war es bei der *Invincible* ein beachtlicher Sprung nach vorn, denn der Panzerkreuzer, die Vorstufe des Schlachtkreuzers, war bedeutend jüngeren Alters – seine Urform, die Panzerkorvette, reichte nur bis in die 80er Jahre des vergangenen Jahrhunderts zurück.

Von diesem britischen Vorgehen war die deutsche Marine am stärksten betroffen. In England hatte man beim Bau dieser ersten Großkampfschiffe gehofft, daß Deutschland zu sehr überrascht sein würde, um ebenfalls sogleich den Bau von Großkampfschiffen aufnehmen zu können. Darin irrten sich die Engländer; in Wirklichkeit waren in Deutschland bereits umfangreiche Vorarbeiten geleistet worden, auf die man sich nunmehr stützen konnte, nachdem Klarheit über die weitere Entwicklung gewonnen war.

Zwar war man deutscherseits bestrebt, die Größe der Linienschiffe in jenen Grenzen zu halten, die es ihnen weiterhin gestatten würden, die vorhandenen Häfen und den Kaiser-Wilhelm-Kanal zu benutzen; die obere Grenze dafür lag bei etwa 15 000 ts. Es wurde jedoch bald erkannt, daß man damit nicht auskommen wird, wenn man nicht von vornherein konstruktive Schwächen in Kauf nehmen will. Daher faßte man den Entschluß, auf 19 000 ts hinaufzugehen, und dies war gleichbedeutend mit einem äußerst kostspieligen Ausbau von Häfen und Werften, vor allem aber des Kaiser-Wilhelm-Kanals. Schon im Frühjahr 1906 – drei Monate nach dem Stapellauf der *Dreadnought* – bewilligte der Reichstag die erforderlichen Gelder, und fünf Tage danach folgte bereits die Inbaugabe des ersten deutschen Großkampfschiffes, der *Nassau.* Auch im Schlachtkreuzerbau zog Deutschland mit – 1908 wurde das erste derartige Schiff, *Von der Tann,* auf Stapel gelegt.

Damit hatten sich die Erwartungen Großbritanniens nicht erfüllt, und man mußte dort nunmehr auch feststellen, daß man mit dem eigenen Vorgehen die starke Flotte von Vor-*Dreadnought*-Linienschiffen fast ganz entwertet hatte. Damit wurden die Engländer geradezu gezwungen, immer größere und stärkere Linienschiffe und Schlachtkreuzer in Auftrag zu geben, was ihnen erhebliche finanzielle Lasten auferlegte.

Ab 1907 wurde der Großkampfschiffbau von allen größeren Seemächten aufgenommen, und dabei erhielten auch jene Staaten eine Möglichkeit zu neuem Start, die bisher in aussichtsloser Position gestanden hatten. Es setzte nunmehr ein allgemeines Wettrüsten ein: Um seinen Vorsprung zu sichern, gab Großbritannien in den Etatsjahren 1906 bis 1908 kurz nacheinander sieben Schlachtschiffe und zwei Schlachtkreuzer in Bau, Deutschland antwortete mit acht Linienschiffen *(Nassau-* und *Helgoland*-Klasse) und einem Schlachtkreuzer (in Deutschland weiterhin als „Großer Kreuzer" bezeichnet). Am 31. Dezember 1910 verfügte die Royal Navy über sieben Schlachtschiffe und drei Schlachtkreuzer, bei der Kaiserlichen Marine Deutschlands waren zu diesem Zeitpunkt vier Linienschiffe und ein Schlachtkreuzer im Dienst.

Vom Etatjahr 1909 nahm die Hektik im Großkampfschiffbau weiter zu. England gab in diesem Jahr sechs Schlachtschiffe in Bau, in den folgenden beiden Jahren nochmals je vier, und dazu noch fünf Schlachtkreuzer. In diesem Jahr erfolgte auf britischer Seite eine erste Kalibersteigerung. Mit Ausnahme zweier Schlachtschiffe und eines Schlachtkreuzers erhielten alle Neubauten 34,3-cm-Geschütze.

Die deutsche Marine hatte bisher aus vielerlei Gründen am 28-cm-Kaliber festgehalten, auch im Großkampfschiffbau. Erst von 1908 ab war sie auf 30,5 cm hinaufgegangen; sie zeigte sich von der britischen Kalibersteigerung nicht sonderlich beeindruckt und blieb zunächst bei ihrem 30,5-cm-Geschütz, denn Versuche hatten gezeigt, daß dessen Geschosse eine wesentlich größere Durchschlagskraft hatten als die britischen gleichen Kalibers.

Inzwischen waren die Vereinigten Staaten und Japan zu einem noch stärkeren Kaliber übergegangen, auf 35,6 cm, und darüber hinaus lagen in England Nachrichten vor, wonach auch die deutsche Marine bald einen solchen Schritt vollziehen werde. Daher entschied man sich in England, auf 38,1 cm hinaufzugehen. Die vier im Jahre 1912 bewilligten Schlachtschiffe der *Queen Elizabeth*-Klasse (zu denen die Malayischen Staaten ein fünftes als Geschenk beisteuerten) waren die ersten, die mit diesen neuen Geschützen ausgerüstet wurden. Im gleichen Jahr sind in Deutschland die beiden ersten Schiffe mit 38-cm-Geschützen *(Bayern* und *Baden)* in Bau gegeben worden. England antwortete darauf 1913 mit nochmals fünf Schlachtschiffen mit 38,1-cm-Geschützen *(Revenge*-Klasse).

Als im August 1914 das große Völkerringen begann, verfügte die Royal Navy über 28 Großkampfschiffe – 19 Schlachtschiffe und neun Schlachtkreuzer. Ihnen standen auf deutscher Seite 18 Einheiten gegenüber. – 14 Linienschiffe und vier Schlachtkreuzer. Im Krieg erhielten die Engländer einmal Zuwachs durch die in den Friedensjahren in Auftrag gegebenen Einheiten – es waren dreizehn Schlachtschiffe und ein Schlachtkreuzer – und hinzu kamen noch drei für das Ausland gebaute Schlachtschiffe, die beim Ausbruch des Krieges kurzerhand beschlagnahmt und in die Flotte eingereiht worden waren. Zusätzlich wurden in der Kriegszeit noch zwei Schlachtkreuzer und drei Leichte Kreuzer mit Schlachtschiff-Bewaffnung gebaut.

Die Kriegsverluste waren für die Engländer wesentlich schwerer als für die Deutschen. Sie verloren fünf Einheiten (zwei Schlachtschiffe und drei Schlachtkreuzer), die Deutschen büßten nur ein einziges Großkampfschiff ein, die *Lützow*. Als der Krieg dann zu Ende ging, verfügte Großbritannien über 45 schwere Einheiten – 33 Schlachtschiffe, neun Schlachtkreuzer und drei Kreuzer mit schwerer Artillerie. Wenige Wochen zuvor war noch der Schlachtkreuzer *Hood* auf Kiel gelegt worden, damals das non plus ultra im britischen Schlachtkreuzerbau.

Die deutsche Marine umfaßte 24 große Einheiten – nämlich neunzehn Linienschiffe und fünf Große Kreuzer (nicht mitgerechnet die *Goeben,* die der Türkei endgültig überlassen worden war). In unterschiedlichen Baustadien befanden sich zwei Linienschiffe und sieben Große Kreuzer, von denen die vier ersten 35-cm- und die drei übrigen 38-cm-Geschütze erhalten sollten.

Auf Grund des Waffenstillstandsvertrages mußte die deutsche Hochseeflotte nach Scapa Flow in die Internierung überführt werden; dort ist sie im darauffolgenden Jahr von ihren eigenen Besatzungen selbst versenkt worden. Damit verfügte die deutsche Marine über kein einziges Großkampfschiff mehr. Was nicht in Scapa Flow versunken war, mußte an die Siegermächte abgeliefert werden. Die Royal Navy hatte jetzt keinen Gegner mehr – aber dieser Schein trog, denn eine neue Rivalität warf ihre Schatten voraus und führte an die Grenze eines neuen Wettrüstens: Während die Völker Europas schwer miteinander rangen, war Japan – vom Kriege kaum berührt – im Schlachtschiffbau auf 40,6-cm-Geschütze hinaufgegangen; zudem war dort ein Flottenbauprogramm verabschiedet worden, das auf eine erhebliche künftige Überlegenheit im ostasiatischen, ja im ganzen pazifischen Raum abzielte. Dieses japanische Vorgehen mußte daher zu einer akuten Gefahr für die Vereinigten Staaten werden, die um ihre Einflußsphären in Ostasien fürchteten. Die amerikanische Antwort blieb nicht aus: Es war ein gewaltiges Flottenbauprogramm, das den Bau von nicht weniger als zehn Schlachtschiffen und sechs Schlachtkreuzern vorsah und damit eine Flotte „second to none".

Dieser Situation konnte Großbritannien keineswegs gleichgültig entgegensehen. Einerseits war die japanische Vormachtstellung in Ostasien für Großbritannien genau so unbequem wie für die Vereinigten Staaten, und andererseits drohte die US-Navy in nächster Zeit so stark zu werden, daß sie die bisher führende Rolle der britischen Marine als stärkste Seemacht der Welt selbst übernehmen und damit dem britischen Prestige einen schweren Schlag versetzen könnte. Deshalb bewilligte das britische Parlament im Sommer 1922 die Mittel für vier große Schlachtkreuzer mit 40,6-cm-Geschützen, und diesen sollten zwei Gruppen zu je vier weiteren Schlachtschiffen folgen, aber mit 45,7-cm-Geschützen. Gleichwohl versuchte Großbritannien – das nach dem Krieg finanziell erschöpft war und dringend der Sanierung bedurfte – die aufgetretenen Spannungen friedlich beizulegen. Aber auch in den Vereinigten Staaten hatte man inzwischen erkannt, daß das ursprünglich gesteckte Ziel kaum zu erreichen ist, ohne eine britisch-amerikanische Flottenrivalität heraufzubeschwören. Andererseits war aber auch abzusehen, daß die japanische Vormachtstellung in Ostasien durch ein Wettrüsten zur See kaum mehr gebrochen werden kann, denn Japan schien zu jedem Opfer bereit, um seine Flottenbaupläne zu verwirklichen. Der Gedanke, die japanische Seerüstung durch entsprechende Verträge einzudämmen, schien daher immer mehr verlockend. Das plötzliche Ende einer steil angestiegenen Kriegskonjunktur hatte für Japan ernste Folgen – starke Arbeitslosigkeit, eine schwer zu bewältigende Wirtschaftskrise und enorme innere Spannungen waren auch für den Außenstehenden unverkennbar. Wie meist nach längeren Kriegen, wurden solche Überlegungen durch allgemeine pazifistische Strömungen begünstigt. Alle in Betracht kommenden Seemächte begrüßten es daher – zumindest insgeheim – als die Vereinigten Staaten ihre Fühler ausstreckten und die Bereitschaft zur Aufnahme von Abrüstungsgesprächen erkundeten. So kam es Ende 1921 zu der Konferenz von Washington und zu dem danach benannten Flottenabkommen. Für die Signatarmächte brachte dieses Abkommen tiefe Einschnitte, qualitativ wie quantitativ. Zum einen wurde die höchstzulässige Standardverdrängung künftig zu bauender Schlachtschiffe auf 35000 ts begrenzt, das Kaliber durfte 40,6 cm nicht überschreiten, und zum anderen sind die Stärkeverhältnisse der Seemächte untereinander durch Verhältniszahlen festgelegt worden. Das bedeutete für alle Staaten die Aufgabe aller laufenden Bauprogramme und die Abrüstung all jener Einheiten, die den Sollbestand überschritten. Zugleich war eine zehnjährige Baupause für Schlachtschiffe vereinbart worden.

Demzufolge hatte Großbritannien fünfzehn Großkampfschiffe auszurangieren. Ihm war allerdings als Ausnahmeregelung das Recht zugestanden worden, vor Ablauf der Baupause zwei Schlachtschiffe innerhalb der jetzt geltenden Grenzwerte zu bauen. Davon machte Großbritannien schon 1922 Gebrauch, als die beiden Einheiten der *Nelson*-Klasse begonnen wurden. Ende der 20er Jahre verfügte die Royal Navy nur noch über sechzehn Schlachtschiffe (darunter die Neubauten *Nelson* und *Rodney*) und vier Schlachtkreuzer.

Das Flottenabkommen von London im Jahr 1930 legte die Bestände an Schlachtschiffen neu fest. Großbritannien erhielt fünfzehn Einheiten zugestanden, und damit bestand nunmehr Parität mit den USA, denen ebenfalls fünfzehn Einheiten zugebilligt worden waren. Zugleich ist hier die Baupause für Schlachtschiffe bis Ende des Jahres 1936 verlängert worden. Den neuen Sollbestand erreichte Großbritannien schon bald danach - von jetzt an waren nur noch je fünf Einheiten der *Queen Elizabeth-* und der *Revenge*-Klasse im Dienst, dazu die beiden Einheiten der *Nelson*-Klasse, und schließlich die Schlachtkreuzer *Renown, Repulse* und *Hood.* Großbritannien war damit stückzahlmäßig auf ein Drittel der 1918 erreichten Stärke zurückgefallen.

Deutschland war im Wiederaufbau seiner Marine durch den Versailler Vertrag außerordentlich gehemmt. Für Linienschiffe über 10000 ts bestand ein völliges Bauverbot. Nachdem man sich ein Jahrzehnt lang mit den längst überalterten Vor-*Dreadnought*-Linienschiffen abgemüht hatte, war ihr Ersatz nunmehr so dringend geworden, daß etwas geschehen mußte. Die Überlegungen gingen zunächst darauf hinaus, was aus der vorgeschriebenen Größe herauszuholen ist - zur Debatte standen ein stark bewaffneter und gut geschützter, zwangsläufig aber langsamer Typ, eine Art von Küstenpanzerschiff, und ein schnellerer, nicht so stark bewaffneter und schwächer geschützter Typ, der eher eine vielseitige Verwendung ermöglichen würde als ersterer. Nachdem man zunächst der ersten Lösung zugeneigt war, entschloß man sich für den kreuzerartigen, hochseefähigen Typ. Damit entstanden die berühmt gewordenen „Panzerschiffe", deren erstes die *Deutschland* (später umgetauft in *Lützow)* war.

Dieser Typ war - um es auf einen Nenner zu bringen - stärker als jedes schnellere und schneller als jedes stärkere Schiff, von drei Ausnahmen - den britischen Schlachtkreuzern - abgesehen. Bis 1932 wurden drei dieser Panzerschiffe in Bau gegeben und bis 1936 fertiggestellt.

Nachdem im Januar 1933 Adolf Hitler an die Macht gekommen war, änderte sich für die Marine zunächst nicht allzuviel. 1934 wurden zwei weitere Panzerschiffe - etwas größer als ihre Vorgänger - auf Kiel gelegt, aber dann entschloß man sich, an ihrer Stelle zwei größere, schnellere und besser geschützte, aber kalibermäßig nicht stärkere Schlachtschiffe - *Scharnhorst* und *Gneisenau* - zu bauen. Diese wurden dann 1935 begonnen. Im gleichen Jahr ist dann auch das von Hitler angestrebte deutsch-britische Flottenabkommen abgeschlossen worden, und dieses legte die Stärke der deutschen Flotte auf künftig 35 v. H. derjenigen der Royal Navy fest. Hierauf fundierend wurden dann bald darauf die beiden wesentlich größeren und stärkeren Schlachtschiffe der *Bismarck*-Klasse in Bau gegeben.

Sofort nach Ablauf der Baupause für Schlachtschiffe gab Großbritannien die fünf Einheiten der *King-George V.*-Klasse in Bau. Sie waren keine Vermehrungsbauten, sondern der Ersatz für die fünf am wenigsten kampfstarken Großkampfschiffe. Wäre es nicht zum Krieg und damit zum Erlöschen aller vertraglichen Regelungen des Flottenbaus gekommen, so hätten fünf alte Schiffe zu jenem Zeitpunkt ausrangiert werden müssen, zu dem die Neubauten der *King-George V.*-Klasse fertig wurden.

Die sich immer stärker abzeichnende Gegnerschaft zu Deutschland gab im Jahr 1938 den Anlaß, vier weitere Schlachtschiffe in Bau zu geben. Bei ihnen war man von den 35000 ts und den 35,6-cm-Geschützen der *King-George V.*-Klasse auf nunmehr 40000 ts und 40,6-cm-Geschütze hinaufgegangen, was auf Grund eines 1938 abgeschlossenen Zusatzvertrages zum Londoner Flottenvertrag ermöglicht wurde, weil dabei die Höchstgrenze für Schlachtschiffe auf 45000 ts heraufgesetzt worden war.

Umgekehrt führte die zu dieser Zeit in Europa herrschende politische Situation in Deutschland zu einem großen Flottenbauprogramm, den sog. „Z-Plan". Als Kern sah dieser sechs Schlachtschiffe vor, die bei einer Typverdrängung von je rund 56000 ts etwa 30 kn schnell werden und eine Hauptbewaffnung von acht 40,6-cm-Geschützen erhalten sollten. Ihre Standfestigkeit sollte so groß sein, daß sie jederlei Waffenwirkung widerstehen konnten. Besonders wichtig war ihr großer Fahrbereich von 19000 Seemeilen, der sie zu langanhaltenden ozeanischen Operationen befähigt hätte.

Als dann 1939 der Krieg begann, hatte Großbritannien fünfzehn Großkampfschiffe im Dienst, Deutschland nur zwei, dazu aber noch die drei „Panzerschiffe". Während des Krieges wurden auf britischer Seite noch sechs Einheiten fertig, auf deutscher nur zwei. Keines der zuletzt begonnenen Schlachtschiffe – auf britischer Seite die 40000 ts-Einheiten der *Lion*-Klasse und auf deutscher die beiden ersten des „Z-Planes" – konnten mehr fertiggestellt werden. Aber mitten im Kriege gab Großbritannien die *Vanguard* in Bau, eine Art „verhinderte *Lion*". Die Royal Navy verlor in diesem Krieg fünf Großkampfschiffe, Deutschland alle vier und die Panzerschiffe dazu. Als 1945 der Krieg zu Ende gegangen war, standen der Royal Navy noch sechzehn Großkampfschiffe zur Verfügung, von denen mehr als die Hälfte total veraltet waren. Sie waren es dann auch, die zuerst zu den Abwrackern gingen, doch folgten die übrigen bald nach, das letzte im Jahr 1960, etwas mehr als ein halbes Jahrhundert seit dem Bau der *Dreadnought,* zu einem Zeitpunkt, da an die Stelle des Schlachtschiffes von einst längst der Flugzeugträger getreten war.

Großkampfschiffe der britischen Marine

Die neue Ära bricht an: *Dreadnought*

Über mehr als 50 Linienschiffe verfügte die Royal Navy, als sie im Herbst 1905 mit dem Bau des ersten „all big gun battleship" begann. Die letzten Linienschiffe waren *Lord Nelson* und *Agamemnon,* die nur wenige Monate zuvor auf Kiel gelegt worden waren und übrigens erst im Laufe des Jahres 1908 fertig wurden, zu einer Zeit also, da sie auf Grund des ausländischen Reagierens auf diesen britischen Schritt schon weitgehend entwertet waren. Während des Krieges wurden die Einheiten dieser Klasse u. a. gegen die Dardanellen-Befestigungen eingesetzt, wobei *Agamemnon* — hier 1915 bei diesem Einsatz aufgenommen — mehr als fünfzigmal von türkischen Küstenbatterien getroffen und erheblich beschädigt wurde. (BfZ)

Mit der *Dreadnought* brach eine neue Ära im Kriegsschiffbau an. Verwirklicht wurde dieses erste „all big gun battleship" durch die Initiative von Admiral Lord Fisher. Schon seit Beginn des neuen Jahrhunderts hatte er sich in einer Reihe von Studien mit dem „all big gun battleship" befaßt, doch konnte er sich zunächst noch nicht für das 30,5-cm-Kaliber erwärmen, sondern votierte eher für ein 25,4-cm-Geschütz, weil dieses eine höhere Feuergeschwindigkeit erreichte. Aber unter dem Eindruck der Lehren des japanisch-russischen Krieges entschloß er sich doch für das schwerere Kaliber. Nachdem er im Herbst 1904 zum Ersten Seelord ernannt worden war, setzte er eine Kommission ein, die die konstruktiv-technischen Fragen des „Capital Ship" der Zukunft zu klären und festzulegen hatte. Der sechste der vorgeschlagenen Alternativentwürfe fand die Zustimmung, und damit war die Basis geschaffen, auf der die *Dreadnought* verwirklicht werden konnte. Im Dezember 1906 kam sie als erstes „all big gun battleship" im Dienst. Die Aufnahmen oben rechts und unten zeigen sie aus verschiedenen Perspektiven. (BfZ)

DREADNOUGHT

Der Sprung zum Schlachtkreuzer

Vergleichsweise zu dem *Dreadnought*-Schritt bedeutete die Wende zum „Battle Cruiser“ einen wahrhaften Sprung, denn während die jüngste Entwicklung einfach zwangsläufig zum „all big gun battleship“ hingetrieben hatte und dessen Größe nur mäßig gesteigert zu werden brauchte, wurde bei den letzteren eine enorme Größensteigerung erforderlich. Die ersten Schlachtkreuzer waren *Invincible, Inflexible* und *Indomitable*. Bei ihnen war der Schlagkraft und der Geschwindigkeit absoluter Vorrang eingeräumt worden, und dies wurde dadurch erkauft, daß man den nicht minder wichtigen Faktor „Standkraft“ allzusehr — schon fast sträflich — vernachlässigte. Wie falsch die Einstellung des Initiators dieser „Battle Cruiser“ — Admiral Lord Fisher — war (sein Kernsatz lautete „speed is the best protection“), sollte die *Invincible* in der Skagerrakschlacht zu spüren bekommen: Unter den Salven der deutschen Schlachtkreuzer zerbrach sie in einer schweren Explosion, nachdem ein Treffer einen der mittleren Türme durchschlagen und die darunter befindliche Munition zum Hochgehen gebracht hatte. *Indomitable* (Bild) war das dritte Schiff dieser Klasse und kam im Sommer 1908 in Dienst. Der vordere Schornstein wurde 1910 um 2 m erhöht.

(BfZ)

. . . zu leicht befunden: Die *Invincible*-Klasse

Obwohl nach dem tragischen Verlust von *Invincible* auf den beiden Schwesternschiffen die Schutzeinrichtungen verbessert wurden — es waren dies vor allem Verstärkungen der Turmdecken und des Oberdecks rund um die Barbetten sowie der Decken der Munitionskammern, dazu Verbesserungen der Fluteinrichtungen innerhalb der Munitionskammern selbst — blieben sie auch weiterhin mangelhaft geschützte Schiffe, von denen sich die Royal Navy schon bald nach Kriegsende trennte. Anfang der 20er Jahre wurden sie abgewrackt. Diese Bilder zeigen die *Inflexible* im Jahre 1918 (oben) und unten die 2nd Battle Cruiser Squadron am 21. November 1918 vor dem Firth of Forth in Erwartung der in die Internierung gehenden deutschen Hochseeflotte. Vorn die Schlachtkreuzer *Australia* und *New Zealand* der *Indefatigable*-Klasse, im Vordergrund die *Indomitable*. (BfZ)

Die *Bellerophon*-Klasse: Verbesserte Nachfolger der *Dreadnought*

Im kurzen Abständen wurde im Winter 1906/07 eine erste Dreierserie von „all big gun battleships“ in Bau gegeben; dabei handelte es sich um einen verbesserten Nachfolgetyp von *Dreadnought.* Ihre Namen: *Bellerophon, Superb* und *Temeraire.* Sie trugen die gleiche Hauptbewaffnung, und diese war auch nach gleichem Schema aufgestellt. Was dieser Klasse zugute kam, waren zwei Dinge: Einmal die verstärkte Torpedoboot-Abwehr-Batterie (die aus 10,2-cm-Geschützen bestand, während die *Dreadnought* für diesen Zweck ausschließlich auf 7,6-cm-Kanonen angewiesen war) und zum anderen war es das durchgehende Torpedoschott im Zitadellbereich. Das war ein wichtiger Fortschritt, denn ihre Vorgängerin hatte jeweils nur dort gepanzerte Längsschotte, wo sich die Munitionskammern der Schweren Artillerie befanden. Äußerlich von der *Dreadnought* zu unterscheiden war die *Bellerphon*-Klasse an der geänderten Mast- und Schornsteinfolge. Dies ist eine Vorkriegsaufnahme der *Temeraire,* die als solche an den beiden weißen Ringen um jeden der beiden Schornsteine zu identifizieren ist. (BfZ)

Temeraire hatte 1918 ein etwas anderes Aussehen, wie hier gezeigt wird. Auch sie war mit zwei 10,2-cm-Flak ausgerüstet worden, aber eines von ihnen war auf dem achteren Turm postiert statt — wie bei den übrigen Schiffen — auf der Schanz. Charakteristisch für die ersten britischen Großkampfschiffe waren die meist senkrecht aufgetoppten Ladebäume beiderseits des achteren Aufbaus. (BfZ)

Kriegsbedingte Änderungen

Im Krieg änderte sich das Aussehen aller Großkampfschiffe durch die verschiedenartigsten Einbauten, vor allem von zusätzlichen Scheinwerfern, Flak, Feuerleitgeräten u. a. m. Auch wurden dabei vielfach die Maststengen gekürzt. Wie die *Bellerophon* zuletzt aussah, zeigt dieses aus dem Jahr 1918 stammende Foto. Als einziges Schiff ihrer Klasse führte sie auf dem vorderen Schornstein eine Schrägkappe. Über den vorletzten Turm ist ein Sonnensegel gespannt. Die beiden 10,2-cm-Flak sind gut erkennbar. Links über dem Schiff ein Sperrballon. (BfZ)

Eine zweite Dreierserie von Schlachtschiffen entstand in der *St.-Vincent*-Klasse, die wiederum weitgehend der *Bellerophon*-Klasse entsprach und damit ebenfalls zu jener Typfamilie gehörte, die mit der *Dreadnought* begründet worden war. Wirklich Neues hatten sie gegenüber ihren Vorgängern kaum zu bieten, nur in einem Bereich war ein Pluspunkt zu verzeichnen: Sie waren etwas besser durchkonstruiert. Von ihnen ging die *Vanguard* im Kriege verloren, nicht durch Feindeinwirkung, sondern durch eine innere Explosion, die vermutlich auf das Hochgehen von Cordit in einer Munitionskammer zurückzuführen war. Diese Aufnahme zeigt die *Vanguard* noch im Frieden. (BfZ)

Sowohl als einziges Schiff der *St.-Vincent*-Klasse wie auch als einziges der ersten britischen Schlachtschiffe führte die *Collingwood* ab 1917 auf beiden Schornsteinen Schrägkappen. Dieses Bild stammt aus dem Jahr 1918 und läßt auch die übrigen Änderungen erkennen, die seit der Indienstellung vorgenommen worden waren, so insbesondere die Flugzeug-Startplattform auf dem achteren Turm und den deutlich erhöhten Aufbau davor, auf dem neben einer „range clock" weitere Scheinwerfer zu erkennen sind. (Bfz)

Ein besonderes Merkmal der ersten britischen Großkampfschiffe — von *Bellerophon* bis *Hercules* — waren die „flying bridges", auch „marble arch boat decks" genannt. Es waren brückenartige Überbauten über den schweren Türmen im Mittelschiff, und auf ihnen hatten die Beiboote ihren Platz. Auf *Neptune, Colossus* und *Hercules* wurde im Krieg jeweils eine der „flying bridges" ausgebaut. Die Zeichnung stellt eine solche „flying bridge" auf der *Neptune* dar.

(Zeichnung: Verfasser)

Erstmals: Überhöhte Türme

Mit der Anfang 1909 auf Kiel gelegten *Neptune* beschritten die Engländer einen neuen Weg, soweit es um die Aufstellung der Schweren Artillerie ging: Einmal geschah dies durch die Verschiebung der Seitentürme, bis sie in diagonaler Achse zueinander standen und somit nunmehr auch nach der Gegenseite feuern konnten, und zum anderen war es die Verschiebung des vorletzten Turmes so weit nach achtern, bis er — dicht an dicht, aber in überhöhter Position — vor dem achteren Turm stand. Seit 1916 führte die *Neptune* auf dem vorderen Schornstein eine Schrägkappe. Die vordere „flying bridge" war bereits 1915 ausgebaut worden. Diese Aufnahme ist 1918 entstanden, vermutlich in Scapa Flow, und zeigt im Hintergrund ein Schlachtschiff der *Orion*-Klasse. (BfZ)

Gewöhnlich wurden sie mit der *Neptune* in einem Atemzug genannt, aber in Wirklichkeit repräsentierten sie einen eigenen, jedoch keineswegs besseren Typ: Gemeint sind die Schlachtschiffe *Colossus* und *Hercules*. Wohl hatten sie die gleiche Hauptbewaffnung wie die *Neptune,* und auch das Schema ihrer Aufstellung war das gleiche, aber ihre Schutzeinrichtungen konnten mit denen ihrer Vorgänger nur schwerlich konkurrieren: Zwar war man zu größeren Panzerdicken übergegangen, aber dafür hatte man das durchgehende Torpedoschott aufgegeben und war zu der antiquierten Anordnung von *Dreadnought* zurückgekehrt, wobei lediglich die Munitionskammern der Schweren Artillerie durch gepanzerte Längsschotte geschützt wurden. Damit entbehrten sie eines wirksamen Unterwasserschutzes. Nicht glücklich gewählt war auf ihnen auch die Anordnung des vorderen Schornsteines vor dem Mast, wie es erstmals auf *Dreadnought* der Fall war. Diese beiden Bilder wurden in der zweiten Hälfte des Krieges aufgenommen und zeigen die Schiffe anscheinend in Scapa Flow liegend, oben *Colossus* zusammen mit anderen Schlachtschiffen und einigen Kleinen Kreuzern, unten die *Hercules,* vor 1917 aufgenommen, da die Scheinwerfertürme um den achteren Schornstein noch fehlen. (BfZ) ▷

Ein Schritt zurück: *Hercules* und *Colossus*

Schwach wie die Vorgänger

Die *Invincible*-Klasse wurde schon bald durch eine neue Dreierserie fortgesetzt, nämlich durch *Indefatigable, Australia* und *New Zealand.* Diese Einheiten waren im wesentlichen nicht besser als ihre Vorgänger. Auch ihr Handikap waren die viel zu schwachen Schutzeinrichtungen. Deswegen mußte die *Indefatigable* in der Skagerrakschlacht ihr Schicksal mit dem der *Invincible* teilen: Tödlich durch eine 28-cm-Salve des deutschen Schlachtkreuzers *Von der Tann* getroffen, brach sie explodierend in zwei Teile und versank. Es gab nur zwei Überlebende, also noch weniger als bei *Invincible,* von der fünf Besatzungsmitglieder übriggeblieben waren. Dies ist eine der letzten Aufnahmen der *Indefatigable.* (BfZ)

Die Schlachtkreuzer *Australia* und *New Zealand* wurden im Rahmen des Commonwealth-Verteidigungsprogramms von den Dominionstaaten finanziert, deren Namen sie erhielten. Während Australien auch für die laufenden Unterhaltungskosten aufkam und zugleich die Unterstellung unter eigenes Kommando in Anspruch nahm, verzichtete Neuseeland auf diese Modalitäten und stellte das von ihm finanzierte Schiff sofort der britischen Marine zur Verfügung. Später tat das auch Australien, das der britischen Regierung das Recht eingeräumt hatte, im Bedarfsfall über das Schiff zu verfügen, sofern durch seinen Abzug Australien keiner Gefährdung ausgesetzt sein würde. Dies war im Dezember 1914 der Fall, nachdem Tsingtau — die einzige deutsche Bastion in Südostasien, durch die sich Australien gefährdet sehen konnte — im November von den Japanern eingenommen und das von Vizeadmiral Graf von Spee befehligte Ostasiengeschwader und die einzeln operierenden Kleinen Kreuzer bis dahin ausgeschaltet worden waren. Hier eine Aufnahme der *New Zealand* aus dem Jahr 1918, darunter die kenternde *Australia,* die auf Grund des Washington-Abkommens ausgesondert werden mußte und am 12. April 1924 vor der südwestaustralischen Küste durch Selbstversenkung endete.

(BfZ)

Orion-Klasse: Schritt zum „Super-Dreadnought"

Als die deutschen Marine vom 28-cm-Kaliber auf 30,5 cm hinaufging, reagierte Großbritannien mit der Steigerung auf 34,3 cm und leitete damit die Periode der „Super-Dreadnought's" ein. Damit wuchs eine neue Generation von Schlachtschiffen heran, deren erste die der *Orion*-Klasse waren. Von diesem Zeitpunkt ab ging man zu Viererserien über, nachdem man bisher nur Dreierserien gekannt hatte. Von dieser Klasse ab wurden die schweren Türme nur noch in der Schiffslängsachse angeordnet, von den Seiten- bzw. Flügeltürmen war man endgültig abgekommen (erst später kamen sie wieder, aber ausschließlich für die Mittelartillerie). Hier eine Friedensaufnahme der *Orion,* zu der in bezug auf den vorderen Schornstein das gleiche zu sagen wäre wie zu *Colossus* und *Hercules.*

(Archiv Breyer)

Während des Krieges änderten auch die Schlachtschiffe der *Orion*-Klasse ihre äußere Erscheinungsform. Dies wird bei der hier 1918 in Rosyth aufgenommenen *Conqueror* deutlich. Durch Modifizierungen im Brückenbereich ist der vordere Schornstein als solcher kaum noch erkennbar, die *Conqueror* wirkt eher wie ein Einschornsteinschiff. Die um den achteren Schornstein gruppierten Scheinwerfertürme gehören ebenfalls zu diesen Änderungen.

(BfZ)

The splendid Cat's: *Lion* und Schwesterschiffe

Die drei Schlachtkreuzer der *Lion-Klasse* waren die „splendid cats" der Royal Navy — so jedenfalls wurden sie im Marinejargon bezeichnet. Mit ihren acht 34,3-cm-Geschützen stellten sie die Schlachtkreuzer-Variante der „Super-Dreadnought's" dar. Nach dem ursprünglichen Entwurf hatten sie den vorderen Mast hinter dem vorderen Schornstein, und in dieser Form ist *Lion* noch fertiggestellt worden (Bild). Während der Probefahrten erwies sich diese Anordnung als unbefriedigend und lästig, denn die hohen Temperaturen der entweichenden Rauchgase und der Funkenflug dazu machten bei hoher Fahrt den Aufenthalt auf der Brücke nahezu unmöglich. Noch vor der Indienststellung erfolgte daher der Umbau, um diese Nachteile zu beseitigen. (Archiv Breyer)

Die *Lion*-Klasse litt unter den gleichen Schwächen wie ihre Vorgänger: Ihre Standfestigkeit war zu gering, und zurückzuführen war das darauf, daß man trotz des beachtlichen Gewichtszuwachses von rund 8000 ts wiederum nur einen geringen Anteil für diesen Faktor abgezweigt hatte. Im Kriege wurden diese Schwächen sichtbar: *Lion,* sowohl bei dem Gefecht auf der Doggerbank wie auch bei der Skagerrakschlacht schwer durch Artillerietreffer in Mitleidenschaft gezogen, entging nur mit knapper Not dem tödlichen Desaster, während *Queen Mary* nach ebenso schweren Treffern explodierend versank, das Schicksal von *Invincible* und *Indefatigable* teilend. Nur neun Mann blieben von ihr übrig. Diese größte Seeschlacht der Weltgeschichte gab jetzt endlich den Engländern zum Nachdenken auf, nachdem drei ihrer so mächtigen Schlachtkreuzer (und mit ihnen 3321 Mann!) verloren waren, auf die sie anfänglich so viele Hoffnungen gesetzt hatten. Hier liegt die *Queen Mary* in Scapa Flow vor Anker. Sie führt bereits den Anstrich der späteren Kriegsjahre — der mittlere Teil des Rumpfes ist dunkelgrau abgesetzt. (BfZ)

Am Rand der Katastrophe

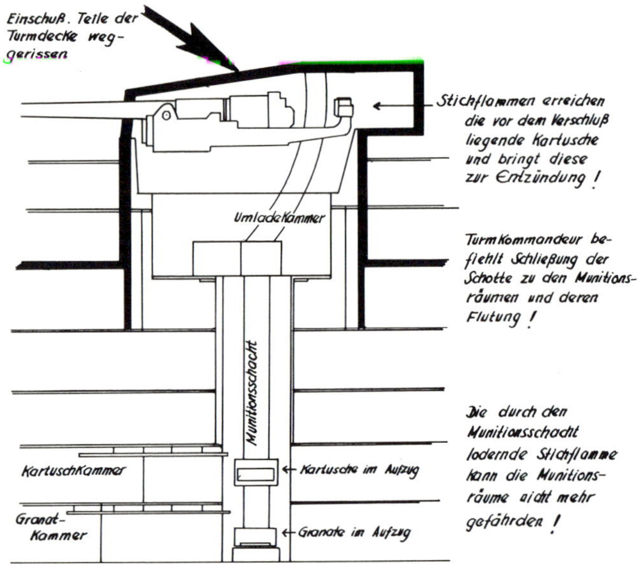

Während der Skagerrakschlacht erhielt *Lion* einen 30,5-cm-Treffer des deutschen Schlachtkreuzers *Lützow*, der die Decke des dritten schweren Turmes traf, diese wegriß und im Turminneren detonierte: Die gesamte Turmbesatzung — rund 100 Mann — wurde getötet oder schwer verwundet. Trotzdem hatte man Glück im Unglück, denn mit seinem letzten Atemzug hatte der Turmkommandeur Befehle erteilt, die das Schiff retteten. Wären die Munitionskammern unter dem Turm explodiert, so hätte das mit Sicherheit den Untergang des Schiffes bewirkt. Die Zeichnung soll die Wirkung dieses verheerenren Treffers demonstrieren, und das Foto zeigt die *Lion* kurze Zeit nach der Schlacht — der zerstörte Turm ist ausgebaut, die Reparatur vorangeschritten. Bereits in der zweiten Julihälfte des Jahres 1916 wird die *Lion* wieder einsatzbereit sein. (BfZ / Zeichnung: Verfasser)

Friedenszeit – Kennungen britischer Großkampfschiffe

Weiße Bänder um die Schornsteine, soweit nichts anderes angegeben. vorn →

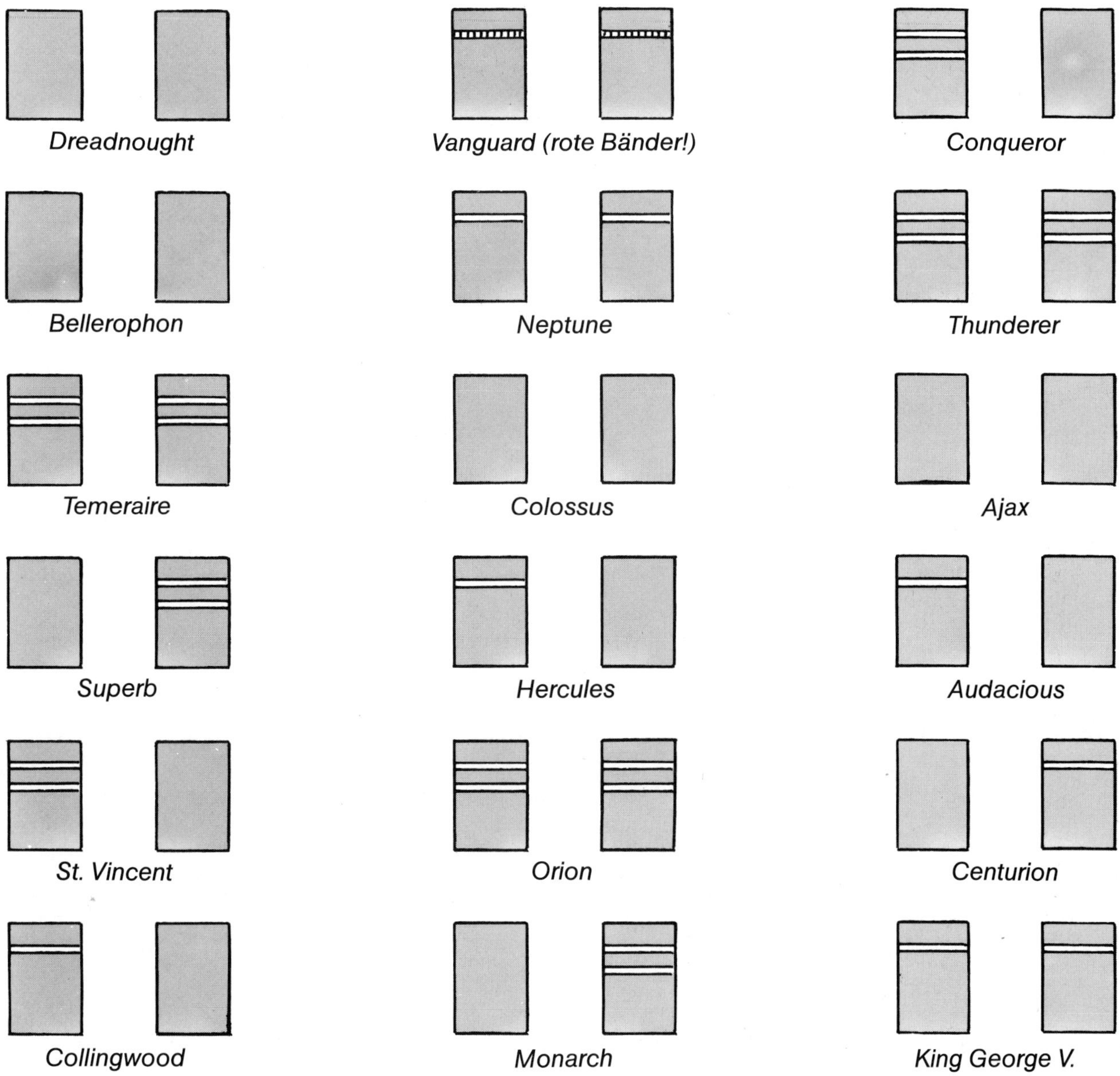

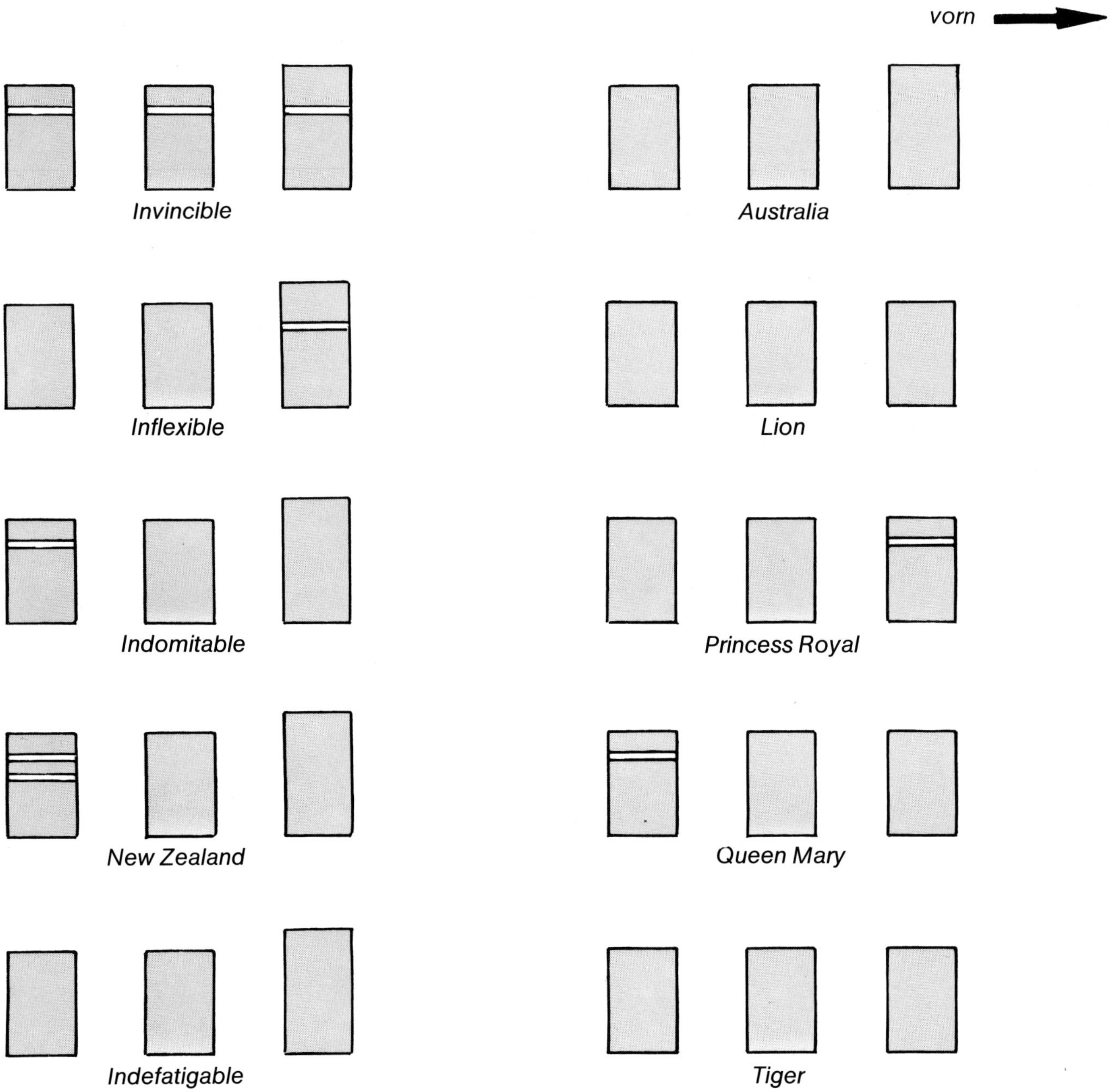
vorn
Invincible
Australia
Inflexible
Lion
Indomitable
Princess Royal
New Zealand
Queen Mary
Indefatigable
Tiger

Lion und *Princess Royal*

Lion und *Princess Royal* blieben nach Kriegsende nur noch wenige Jahre im Dienst und wurden dann abgebrochen. Hierzu hatten sich die Engländer auf Grund ihres Beitritts zum Washington-Abkommen verpflichtet. Dieser Entschluß dürfte ihnen nicht sonderlich schwer gefallen sein, denn mittlerweile hatten sie längst eingesehen, daß diese Schiffe (wie auch schon ihre Vorgänger) unter „Geburtsfehlern" leiden, die irreparabel blieben. Wie beide Schiffe in ihren letzten Dienstjahren ausgesehen haben, zeigen diese aus dem Jahr 1918 stammenden Aufnahmen: Oben *Princess Royal,* unten *Lion*. Beide führen auf dem Vormars ein Entfernungsmeßgerät, im Bereich des achteren Schornsteines die typischen Scheinwerfertürme und jeweils auf dem achteren Turm eine Flugzeug-Startplattform, *Lion* außerdem eine Kappe auf dem vorderen Schornstein. Auf der Flugzeug-Startplattform des letzten Turmes ist auf beiden Schiffen behelfsmäßig ein Segeltuchzelt errichtet, in dem wahrscheinlich das mitgeführte Flugzeug eingestellt wurde, um es vor Witterungseinflüssen zu schützen: Das war ein früher Vorläufer der späteren Flugzeughangars. Offenbar handelte es sich um einen Versuch, der jedoch nicht weitergeführt worden ist.

(BfZ)

Vorteilhaftere Architektur: *King George V*-Klasse

Die zweite Viererserie der neuen Generation von „Super-Dreadnought's" stellten die Einheiten der *King-George-V.*-Klasse dar. Sie entsprachen im wesentlichen der *Orion*-Klasse: Bewaffnung, Panzerung, Schutzeinrichtungen und Antriebsanlage waren nahezu gleich. Erwägungen nach Baubeginn, an Stelle der 10,2-cm-Geschütze zu einer vollwertigen Mittelartillerie zu gelangen, fanden aus Gründen der Kosteneinsparung kein Echo, obwohl man inzwischen grundsätzlich die Notwendigkeit einer starken Mittelartillerie zu bejahen gelernt hatte. Diese Einheiten gaben äußerlich ein vorteilhafteres Bild ab als die ihr vorausgegangene *Orion*-Klasse. Hier eine aus 1918 stammende Aufnahme des Klassenschiffs *King George V.* auf seinem Ankerplatz zusammen mit anderen Schlachtschiffen, darüber ein Sperrballon.

(BfZ)

Audacious: Erster Kriegsverlust

Die *Audacious* war das erste britische Großkampfschiff, das im Krieg verlorenging. Am 27. Oktober 1914 lief sie vor der nordirischen Küste nahe Lough Swilly auf eine von dem deutschen Hilfskreuzer *Berlin* geworfene Mine und wurde schwer beschädigt. Als Folgeschaden kam es zu einer inneren Explosion, die weitere Verheerungen anrichtete. Nach erfolglosen Versuchen, das Schiff abzuschleppen, mußte es aufgegeben werden und sank. Diese Aufnahme zeigt die *Audacious* schon am Beginn ihres „Todeskampfes“: Zerstörer versuchen ihr Hilfe zu leisten, sie selbst hat bereits deutlich Schlagseite nach Backbord. (BfZ)

„Degradiert" zum „dummy ship"

Die *Centurion* hatte noch lange nicht ausgedient, als sie 1924 in das Reserveverhältnis wechselte: 1926/27 wurde sie zum ferngelenkten Zielschiff hergerichtet und stand bis Ende 1940 für Schießübungen zur Verfügung. Im Frühjahr 1941 ist sie dann unter Verwendung von viel Holz und Segeltuch zu einem „dummy ship" hergerichtet worden und mimte fortan die *Anson* der neuen *King-George-V.*-Klasse, und zwar im Bereich vom Mittelmeer bis zum Südatlantik und zum Indischen Ozean. Mitte 1942 sollte sie im Rahmen einer Versorgungsoperation 2500 Tonnen Nachschubgüter nach Malta bringen, wurde aber unterwegs durch einen Bombentreffer beschädigt und kehrte deshalb nach Alexandria zurück. Von Ende 1942 bis Anfang 1944 war sie dann als schwimmende Flakbatterie auf dem Großen Bittersee eingesetzt, und im Juni 1944 endete ihre Laufbahn an der Invasionsküste der Normandie, wo man sie als Wellenbrecher auf Grund setzte. Dort ist das Wrack verrottet und wurde später nach und nach abgebrochen. Das obere Bild zeigt die *Centurion* noch als vollwertiges Schlachtschiff, etwa 1918 aufgenommen (beachtenswert sind dabei die Flugzeug-Startplattformen auf den Türmen B und D), das untere Bild stammt von 1935, als sie schon als Zielschiff diente.

(BfZ)

Wieder vollwertige Mittelartillerie

Die dritte Viererserie von „Super-Dreadnought's" wuchs in der 1912 begonnenen *Iron-Duke*-Klasse heran. Sie entsprach weitgehend der vorangegangenen *King-George-V.*-Klasse, hatte praktisch die gleiche Bewaffnung und Panzerung, aber erstmals war man im Bau von „all big gun battleships" wieder zu einer vollwertigen Mittelartillerie zurückgekehrt. Um sie kam man angesichts der immer größer, stärker und widerstandsfähiger werdenden Zerstörer nicht mehr herum. Das Bild zeigt die *Marlborough,* 1914 aufgenommen. Aus der Skagerrakschlacht wurde sie schwer beschädigt heimwärtsgeschleppt; sie hatte einen Torpedotreffer von dem deutschen Kreuzer *Wiesbaden* erhalten.

(BfZ)

Diese Luftaufnahme zeigt die *Emperor of India.* Sie war das einzige Schiff der *Irion-Duke-Klasse,* das nicht an der Skagerrakschlacht teilnahm. Da am achteren Schornstein bereits die Scheinwerfertürme vorhanden sind, ist auf etwa 1918 als Aufnahmejahr zu schließen. Gut erkennbar sind auch die 7,6-cm-Flak auf dem achteren Aufbau. (BfZ)

Zwischen 1915 und 1918 führten die Einheiten der *Iron-Duke*-Klasse zur Feindtäuschung sog. „range baffles", die hier auf *Benbow* an der Achterkante des vorderen Schornsteines und an dem Ladebaumpfosten dahinter gut erkennbar sind.

(BfZ)

Als einziges Schiff ihrer Klasse führte *Emperor of India* ab 1918 eine Schrägkappe auf dem vorderen Schornstein. Hier liegt sie vor Anker, ihre Türme sind nach Steuerbord geschwenkt. Offenbar wird hier in einem Stützpunkt gerade Artillerieausbildung betrieben. (BfZ)

Nach dem Ende des Ersten Weltkrieges gehörten die Schlachtschiffe der *Iron-Duke*-Klasse der Mittelmeerflotte an. Dabei wurden sie zeitweilig im Schwarzen Meer eingesetzt, wo sie die „weiß"-russischen Truppen gegen die Bolschewisten unterstützten. Hier feuert *Iron Duke* gegen vordringende bolschewistische Einheiten bei Novorossijsk.

(BfZ)

Dem Londoner Flottenvertrag geopfert

Bis Ende der 20er Jahre wurden die Schlachtschiffe der *Iron-Duke*-Klasse im Dienst behalten, danach gingen sie — bis auf *Iron Duke* — den Weg alten Eisens. Diese Aufnahme ist im Juli 1928 gemacht worden und zeigt die *Benbow,* die zu jener Zeit der Atlantikflotte angehörte. Im Hintergrund der Schlachtkreuzer *Renown.* (BfZ)

Von August 1914 bis November 1916 war *Iron Duke* das britische Flottenflaggschiff. Auf ihm leitete Admiral Sir John Jellicoe — der Gegenspieler des deutschen Flottenchefs, Admiral Reinhard Scheer — die Operationen während der Skagerrakschlacht. Anfang der 30er Jahre wurde die *Iron Duke* zum Artillerieschulschiff umgebaut, da sie auf Grund der Bestimmungen des Londoner Flottenvertrages von 1930 abzurüsten war. Von da ab fehlten auf ihr die Türme B und E, der schwere Seitenpanzer, der vordere Kommandostand, die Torpedorohre und ein Teil der Kessel. Diese Aufnahme stammt aus der Mitte der 30er Jahre, als die *Iron Duke* bereits als Artillerieschulschiff fuhr. (BfZ)

Tiger – letztes Glied der Vorkriegs-Schlachtkreuzer – Entwicklung

So sah der Schlachtkreuzer *Tiger* im Jahr 1917 aus (das Bild zeigt ihn in Rosyth liegend). Zu diesem Zeitpunkt war die Flugzeug-Startplattform noch auf dem dritten Turm installiert, und auch hier ist das Segeltuchzelt erkennbar, unter dem vermutlich das Bordflugzeug abgestellt war. Auch fehlt noch die Maststenge auf dem Ladebaumpfosten vor dem dritten Schornstein. Der Anstrich war typisch für britische Kriegsschiffe während der zweiten Hälfte des Krieges. (BfZ)

◁ Ursprünglich sollte *Tiger* als viertes Schiff der *Lion*-Klasse gebaut werden, und danach war außer ihr selbst noch ein zweites Schiff — *Leopard* — vorgesehen, aber aus keinem dieser Vorhaben ist etwas geworden: *Tiger* entstand als Einzelgänger nach einem Neuentwurf und war das letzte Glied der britischen Vorkriegs-Entwicklung von Schlachtkreuzern. Wesentlich beeinflußt wurde sein Entwurf von dem bei Vickers, Barrow, für Japan in Bau genommenen Schlachtkreuzer *Kongo*. Die Gesamtkonzeption von *Tiger* läßt erkennen, daß eine bescheidene Wandlung zum Besseren eingetreten war, soweit es die Standkraft und davon wiederum den horizontalen Schutz betraf. Der Unterwasserschutz blieb jedoch nach wie vor ungenügend. *Tiger* war der erste britische Schlachtkreuzer mit einer vollwertigen, d. h. aus 15,2-cm-Geschützen bestehenden Mittelartillerie und dazu das erste britische Kriegsschiff, dessen Antriebsanlage mehr als 100 000 PS leistete, aber auch der letzte britische Schlachtkreuzer, der noch kohlengeheizte Kessel erhalten hat.
Diese Aufnahme zeigt *Tiger* nach Ende des ersten Weltkrieges mit dem erhöhten Großmast, den Modifizierungen im Bereich von Brücke und Dreibeinmast und der Flugzeug-Startplattform auf dem Turm B. Ein wesentliches Plus für *Tiger* war die große Freibordhöhe im Vorschiff, sie betrug knapp 7 Meter gegenüber nur 5,70 Meter bei der *Lion*-Klasse. (BfZ)

Agincourt: „The most powerful battleship"

Als das „most powerful battleship" galt die *Agincourt,* nicht wegen ihres Geschützkalibers, sondern auf Grund ihrer Zahl schwerer Geschütze. Nicht weniger als vierzehn Rohre hatte sie aufzuweisen, zusammengefaßt in sieben Zwillingstürmen, und diese wiederum aufgeteilt in drei Gruppen im Vor-, Mittel- und Achterschiff. Auch die Vorgeschichte dieses Schiffes ist interessant genug: Begonnen wurde es für die Marine Brasiliens als *Rio de Janeiro,* aber 1914 ist sie halbfertig an die Türkei verkauft worden und wurde als *Sultan Osman I.* weitergebaut. Kurz vor der Ablieferung brach der Krieg aus, und Großbritannien bemächtigte sich dieses wertvollen Schiffes sofort durch Beschlagnahme. Fortan diente es als *Agincourt* in der Grand Fleet. Diese Aufnahme zeigt sie im Jahre 1915, in ihrem Heimatstützpunkt liegend: Gegenüber ihrer ursprünglichen Erscheinungsform hatte sie sich bereits geändert: Es fehlen die „flying bridges", auch auch die Stenge des achteren Mastes ist nicht mehr vorhanden.

(BfZ)

So wie die *Agincourt* 1914 in Dienst gestellt worden ist, sah sie 1918 nicht mehr aus: 1916 waren zunächst die Stützbeine des achteren Mastes entfernt worden, und 1918 fiel auch der verbliebene Mast weg. In diesem Stadium ist das Schiff hier zu sehen. Noch fehlen die Scheinwerfertürme um den achteren Schornstein, und auch die beiden 7,6-cm-Flak auf der Schanz sind noch nicht aufgestellt. Die *Agincourt* kämpfte am Skagerrak mit und blieb unbeschädigt. Nachdem Brasilien im Jahr 1921 zu einem britischen Rückerwerbsangebot abgewinkt hatte, verkauften es die Engländer 1922 zum Abbruch. Zwei Jahre später haben es die Erwerber eingedockt, in zwei Teile zerlegt und abgebrochen.

(BfZ)

Erin - für die Türkei gebaut, von England vereinnahmt

Das 1911 von der Türkei bei Vickers in Barrow in Auftrag gegebene Schlachtschiff *Reshadije* stand nahe vor der Fertigstellung, als der Weltkrieg ausbrach. Die Folge: Beschlagnahme durch die Engländer, kurz darauf Einreihung in die Grand Fleet unter dem neuen Namen *Erin*. Das Schiff nahm an der Skagerrakschlacht teil und blieb unbeschädigt. Schon 1919 wurde es in die Reserve überführt, und drei Jahre später zur Abwrackung freigegeben, den Abrüstungsbestimmungen des Washington-Abkommens folgend. Das obere Bild zeigt die *Erin* im Juli 1915 in Scapa Flow vor Anker liegend, das untere im gleichen Jahr im Moray Firth. Auf beiden Bildern sieht das Schiff noch so aus, wie es fertiggestellt worden war. Änderungen erfolgten 1917, so bei den Brückenaufbauten, am Mast und in bezug auf die Scheinwerfer sowie durch Aufstellung von Flak. **(BfZ)**

Schlachtschiffe für *Chile*

1911 hatte Chile in England zwei Großkampfschiffe in Auftrag gegeben, die 1911 bzw. 1913 begonnen wurden. Bald darauf brach der Krieg aus und durchkreuzte die Pläne ihrer Auftraggeber. Das erste bereits vom Stapel gelaufene Schiff, *Almirante Latorre,* wurde von der Royal Navy sofort beschlagnahmt und auf eigene Rechnung weitergebaut, um dann im Herbst 1915 unter dem neuen Namen *Canada* in Dienst gestellt zu werden. Es nahm an der Skagerrakschlacht teil, blieb aber unbeschädigt und verdiente sich keine besonderen Meriten. Über das zweite, noch nicht zu Wasser gekommene Schiff, *Almirante Cochrane,* wurde der Baustopp verhängt, und es blieb auf der Helling liegen. Zeitweilig dachten die Engländer daran, es doch noch fertigzustellen, und zwar unter dem Namen *India,* aber davon kam man wieder ab. Schließlich erwarb die Royal Navy den halbfertigen Schiffskörper und führte seinen Bau doch noch zu Ende, aber nicht als Schlachtschiff, sondern — unter dem neuen Namen *Eagle* — als Flugzeugträger. Diese Bilder zeigen die *Canada,* oben im Jahr 1916 in Rosyth liegend, daneben 1917 zusammen mit dem als Depeschenboot des Flottenchefs eingesetzten Zerstörer *Oak.* Wie die als Schlachtschiff begonnene *Almirante Cochrane* als Flugzeugträger *Eagle* aussah, zeigt ein weiteres Bild. (BfZ)

Queen Elizabeth – das erste schnelle Schlachtschiff

Die 1912 begonnenen Schlachtschiffe der *Queen-Elizabeth*-Klasse bedeuteten in zweierlei Hinsicht etwas Neues: Nachdem schon die Amerikaner und die Japaner zu einem stärkeren Kaliber (35,6 cm) übergegangen waren und gewisse Anzeichen dafür vorlagen, daß auch Deutschland in Kürze auf ein stärkeres Kaliber hochgehen würde, setzte Winston Churchill — seit 1911 Erster Lord der Admiralität — seinen ganzen Einfluß ein, um auch im britischen Schlachtschiffbau zu einer Kalibersteigerung zu gelangen. Die Entscheidung fiel rasch: Man einigte sich auf das bisher im Großkampfschiffbau noch nicht erreichte Kaliber 38,1 cm. Als Ausgleich dafür wurde eine Verminderung der Rohrzahl in Kauf genommen, also nur noch acht Geschütze statt — wie bisher — deren zehn. Das bedeutete die Aufteilung in vier Zwillingstürme, wobei eine gleichmäßige Gruppierung auf das Vorschiff und auf das Achterschiff am zweckmäßigsten erschien. Der Verzicht auf einen Mittelturm ließ es andererseits zu, die Antriebsanlage zu vergrößern und leistungsstärker zu machen, um eine höhere Geschwindigkeit herauszuholen. Unter diesen Aspekten entstanden damit die ersten *schnellen* Schlachtschiffe der Welt. Die Verschmelzung mit dem Schlachtkreuzer bisheriger Prägung nahm hier ihren Gang. Mit ihren 38,1-cm-Geschützen waren die Einheiten der *Queen-Elisabeth*-Klasse allen bisher gebauten Schlachtschiffen deutlich überlegen, doch führte dieses Vorgehen wiederum dazu, daß auch andere Staaten — vor allem Deutschland — zu schwereren Kalibern übergingen. Im Bild: Die beiden achteren 38,1-cm-Zwillingstürme der *Queen Elizabeth,* aufgenommen kurz nach der Indienststellung.

(BfZ)

Im Januar 1915 wurde als erstes Schiff der *Queen-Elisabeth*-Klasse das Klassenschiff selbst fertiggestellt. Ihren ersten Einsatz erlebte sie von Februar bis Mai 1915 bei den Operationen um die Dardanellen. Obwohl der Einsatz dieses bisher größten und stärksten Schlachtschiffes die Kampfmoral der eingesetzten Truppen spürbar stärkte, wurde es in die Heimat zurückbeordert, weil man fürchtete, daß es durch U-Boote oder Minen ausgeschaltet werden könnte. Hier eine Aufnahme der *Queen Elizabeth* aus der Luft. Die achteren 15,2-cm-Geschütze fehlen bereits (auf den anderen Schiffen dieser Klasse waren sie erst gar nicht eingebaut worden). (BfZ)

Mit „range finding baffles" ausgestattet waren in den Jahren 1916/18 vorübergehend *Warspite, Malaya, Barham* und *Valiant*. Es handelte sich dabei um mehr oder weniger bizarre Gebilde aus auf Rahmen gespanntem Segeltuch, die — an Schornsteinen und Masten befestigt — die Silhouette des eigenen Schiffes verändern und so dem Gegner das Erkennen erschweren sollten. Diese Aufnahme zeigt die *Warspite* im Jahre 1916 mit solchen Installationen. (BfZ)

Feuertaufe am Skagerak

Ihre vergleichsweise hohe Geschwindigkeit von 25 kn gab den Ausschlag dafür, daß die in der V. Battle Squadron zusammengefaßten Schlachtschiffe der *Queen-Elizabeth*-Klasse vorübergehend der Battle Cruiser Force zugeteilt waren und — außer dem Klassenschiff selbst, das am 24. Mai 1916 zur Überholung nach Rosyth gegangen war — in der Skagerrakschlacht mitkämpften. Sie feuerten zusammen 1099mal mit ihren 38,1-cm-Geschützen (*Barham* 337, *Valiant* 288, *Warspite* 259, *Malaya* 215), doch wurden sie auch selbst getroffen: *Barham* viermal, *Malaya* achtmal und *Warspite* dreizehnmal, und nur *Valiant* blieb unbeschädigt. Im Laufe des Monats Juli 1916 wurden sie alle wieder einsatzbereit. Hier eine Aufnahme der *Warspite* aus dem Jahr 1917, zusammen mit anderen Schlachtschiffen, offenbar in Scapa Flow liegend. Hier führt die *Warspite* noch ihre „range baffles". (BfZ)

Gegen Ende des Krieges unterschied sich *Queen Elizabeth* (Bild) von ihren vier Schwesterschiffen dadurch, daß sie allein noch an den beiden Masten die hohen Stengen führte. Auf den überhöhten Türmen sind Flugzeug-Startplattformen errichtet, und auf der vorderen Plattform ist eines der mitgeführten Bordflugzeuge erkennbar. Bemerkenswert sind auch die „range clocks" am vorderen Mast. (BfZ)

Modernisierung nach dem Krieg

Der erste Umbau der *Queen-Elizabeth*-Klasse galt vor allem der Vergrößerung der Standfestigkeit. Als erstes Schiff ging 1924 die *Warspite* in die Werft, als letztes 1929 die *Valiant*. Sie alle erhielten Torpedowulste (wofür eine geringfügige Geschwindigkeitseinbuße in Kauf genommen wurde), so daß ihre Breite um mehr als 4 Meter anwuchs. Gleichzeitig wurde der vordere Schornstein mit dem hinteren zusammengelegt, ferner kamen neue Feuerleitmittel und zusätzliche Flak an Bord. Gegenüber ihren Schwesterschiffen unterschied sich die *Valiant* von da ab durch ein auf dem Achterschiff aufgebautes Katapult, das hier zusammen mit dem gleichzeitig installierten Flugzeugkran gut erkennbar ist. Auf den überhöhten 38,1-cm-Türmen sind noch Fragmente der alten Flugzeug-Startplattformen vorhanden. (BfZ)

Nach Totalumbau kaum wiederzuerkennen

Queen Elizabeth und *Valiant* sind ab 1937 umfassend modernisiert worden und waren, als sie diese Arbeiten hinter sich hatten, nicht mehr wiederzuerkennen, so sehr hatten sie ihre äußere Erscheinungsform geändert. Der Umbau erfolgte nach dem Vorbild von *Warspite* (die schon von 1934 bis 1937 modernisiert worden war) und betraf den Einbau neuer Maschinen und Kessel, die Verstärkung der Horizontalpanzerung, den Einbau neuer schwerer und leichter Flak-Waffen (wobei auf die Mittelartillerie völlig verzichtet wurde), ferner die Steigerung der Schußweite der schweren Geschütze, den Einbau neuer Feuerleitmittel und die Installierung einer Bordfluganlage. Der Umbau von *Queen Elizabeth* wurde in Portsmouth durchgeführt, aber im Dezember 1940 wurde sie nach Rosyth verlegt, wo die Restarbeiten vorgenommen wurden. Dort ist im Februar 1941 dieses Bild entstanden. Der tiefe Einschnitt hinter dem Schornstein macht deutlich, wo sich die neu installierte Bordfluganlage befindet. (BfZ)

Die *Malaya* wurde in der Nacht zum 20. März 1941 etwa 250 Seemeilen westnordwestlich von Kap Verden bei der Sicherung des Convoys SL.68 von dem deutschen U-Boot *U 106* torpediert und lief danach zur vorläufigen Reparatur in Trinidad ein. Diese im Krieg von deutscher Seite veröffentlichte Aufnahme zeigt die *Malaya* jedoch — entgegen der damaligen Bildunterschrift — nicht nach diesem Torpedotreffer, sondern fünf Jahre früher, nach einer Kollision mit einem Frachter. (BfZ)

Beschädigte Schlachtschiffe in den USA repariert

Während des zweiten Weltkrieges wurden beschädigte britische Schlachtschiffe gelegentlich in den USA repariert, schon bevor diese sich im Krieg mit den Achsenmächten befanden. So war es beispielsweise bei der im März 1941 durch Torpedotreffer beschädigten *Malaya* der Fall. Die *Warspite* wurde gleich mehrmals in den USA ausgebessert und überholt. Hier liegt sie — im Oktober 1942 aufgenommen — zu einer solchen Überholung in Seattle im Bundesstaat Washington.

(BfZ)

Verlustreiches Jahresende 1941

Zweimal geriet die *Barham* im Zweiten Weltkrieg vor die Torpedorohre deutscher U-Boote und wurde getroffen: Das erste Mal war es am 28. Dezember 1939 vor der Clyde-Mündung — den von *U-30* erhaltenen Treffer überstand die *Barham* glimpflich und war im April 1940 wieder einsatzbereit. Am 25. November 1941 erhielt sie dann vor der ägyptischen Küste nahe Sollum kurz hintereinander drei Torpedotreffer von *U 331,* und diese waren tödlich: Beim Kentern explodierte das Schiff (Bild) und nahm 862 Mann in die Tiefe mit. (BfZ)

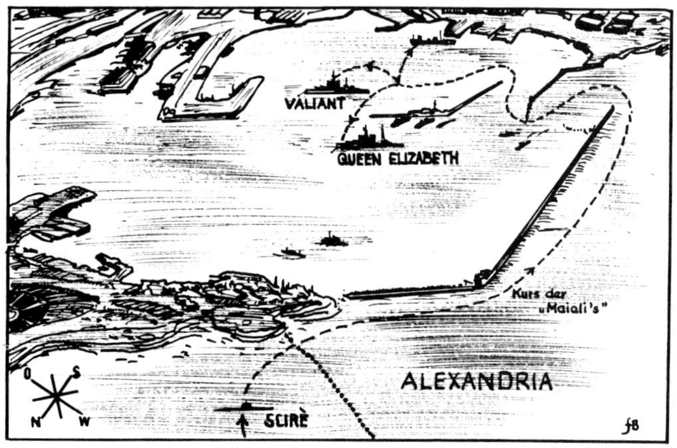

Ende 1941 verlor die britische Marine innerhalb von drei Wochen drei Großkampfschiffe, und zwei weitere wurden so stark beschädigt, daß sie auf Monate hinaus ausfielen: Zuerst sank am 25. November die *Barham,* und am 10. Dezember waren es *Repulse* und *Prince of Wales.* Damit noch nicht genug: Am 19. Dezember 1941 drangen drei von dem italienischen U-Boot *Sciré* herangebrachte Torpedoreiter-Teams mit ihren „Maiali's" durch die geöffnete Sperrlücke in den Hafen von Alexandria ein, wo u. a. die Schlachtschiffe *Valiant* und *Queen Elizabeth* lagen, die gerade von einer Operation zurückgekehrt waren. Unter diesen brachten die Italiener ihre Sprengladungen an, und nach deren Detonation sanken beide Schiffe erheblich beschädigt auf Grund. Es dauerte Monate, bis sie wieder einsatzbereit wurden. Diese Karte zeigt die Liegeplätze der beiden britischen Schlachtschiffe und den Kurs der italienischen Torpedoreiter. (Zeichnung: Verfasser)

Die schweren Schäden, die die *Queen Elizabeth* am 19. Dezember 1941 in Alexandria erlitten hatte, wurden endgültig in Norfolk (USA) repariert. Im Juni 1943 kehrte sie von dort nach England zurück, und im Dezember verlegte sie zur Eastern Fleet. Dort nahm sie an zahlreichen Operationen teil. Im Juli 1945 kehrte sie nach England zurück, drei Jahre später wurde sie abgebrochen. Diese Aufnahme zeigt die *Queen Elizabeth* vermutlich im Kriegsjahr 1943. Ihre Bordflugzeuganlage ist bereits ausgebaut. (Archiv Breyer)

Schlachtschiffe unterstützen Landungen

Die *Valiant,* die von 1937 ab ebenfalls grundmodernisiert worden war, trat Anfang 1940 zur Home Fleet und nahm bald darauf an Operationen um Norwegen teil. Ab Sommer 1940 gehörte sie zur Mittelmeerflotte und war dort bei zahlreichen Operationen beteiligt. Ihre am 19. Dezember 1941 in Alexandria geschlagenen Wunden wurden in den USA auskuriert; danach stieß sie zur Eastern Fleet. Ein Jahr später war sie der Force „H" zugeteilt und nahm bis September 1943 an der Eroberung Siziliens und an den Landungen in Süditalien teil. Von Anfang 1944 ab diente sie wieder bei der Eastern Fleet, wo sie an einigen Operationen teilnahm. Diese Aufnahme entstand im Frühjahr 1944 bei den Operationen gegen Soerabaja. Vorn die *Valiant,* dahinter das französische Schlachtschiff *Richelieu,* das zu jener Zeit ebenfalls der Eastern Fleet zugeteilt war. (Archiv Breyer)

Ihren letzten Kriegseinsatz erlebte die *Malaya* am 1. September 1944, als sie die vor St. Malo gelegene Ile de Cézèmbre mit Artilleriefeuer belegte. Kaum daß der Krieg beendet war, wurde sie außer Dienst gestellt und stand danach noch einige Zeit als Beischiff der Torpedoschule zur Verfügung. Als solches ist sie am 12. Mai 1947 vor Spithead liegend aufgenommen worden. Ein Jahr später begann man mit ihrem Abbruch. Seit 1943 fehlte auf der *Malaya* die Mittelartillerie, wie hier erkennbar ist. Auch der Aufbau unterhalb des Großmastes war um diese Zeit errichtet worden. (BfZ)

„The longest battle record of any battleship“ wies die *Warspite* auf. Von allen britischen Schlachtschiffen erlitt sie auch die meisten Blessuren, aber sie war auch ein glückhaftes Schiff, denn immer wieder kam sie davon. Deshalb hätte sie eigentlich ein anderes Schicksal verdient als dieses: Am 12. März 1947 trat sie ihre letzte Fahrt an, die zu den Abwrackern nach Faslane führen sollte, und dabei brach am 23. März die Schleppverbindung. Bei Prussia Cove, nahe Lands Ends, lief sie auf Grund. Dort ist sie nach und nach abgebrochen worden, die letzten Reste 1956. Dieses Bild zeigt die *Warspite* kurz nach dem Auflaufen. (BfZ)

Die *Revenge*-Klasse: Besser durchkonstruiert als ihre Vorgänger

Die *Queen-Elizabeth*-Klasse verkörperte den ersten Schlachtschifftyp der Welt, der ausschließlich ölbeheizte Kessel erhalten hatte. Aber in England wurden bald Zweifel laut, ob es in einem Krieg möglich sein würde, genügend Ölreserven bereitzustellen. Diese Frage konnte nicht rückhaltlos bejaht werden, und so kam es zu dem Entschluß, bei den nächsten Schlachtschiff-Neubauten zur gemischten Heizung zurückzukehren. Die Mehrzahl ihrer Kessel sollte Kohlenfeuerung erhalten und nur eine Minderzahl Ölheizung. Damit ließ sich ganz selbstverständlich keine so hohe Geschwindigkeit herausholen, aber mit den erreichbaren 21 kn würden sie sich, so lauteten die Überlegungen der Admiralität, durchaus gut in den Rahmen der Schlachtflotte einfügen lassen. Eine der ersten Maßnahmen Lord Fishers nach Rückkehr in sein Amt war darauf gerichtet, bei den Kesseln umgekehrt zu verfahren: Die Mehrzahl von ihnen sollte Ölfeuerung erhalten und nur eine Minderzahl Kohlenfeuerung, um eine etwas höhere Geschwindigkeit zu erreichen. Man kam damit auf immerhin 23 kn. In vielen Einzelbereichen entsprach dieser neue Schlachtschifftyp — die *Revenge*-Klasse — der vorausgegangenen *Queen-Elizabeth*-Klasse, vor allem im Hinblick auf die Bewaffnung, doch waren Panzerung und Schutzeinrichtungen bei ihr etwas besser ausgebildet. Die Einheiten der *Revenge*-Klasse wurden erst ab Mitte des Krieges fertig. Bis fast zum Kriegsende führten sie einen Tarnanstrich in Lichtgrau, Dunkelgrau, Schwarz und Weiß. Hier *Revenge* (oben) und *Ramillies* (unten). (BfZ)

Torpedowulste – neues Schutzsystem

Revenge und *Royal Oak* wurden so frühzeitig fertiggestellt, daß sie schon in der Grand Fleet eingereiht waren, als es zur Schlacht vor dem Skagerrak kam. *Revenge* gehörte der 1. Battle Squadron an, *Royal Oak* der IV. Battle Squadron. *Ramillies* war das erste Schlachtschiff, das Torpedowulste erhielt, nachträglich zwar, aber noch vor der Indienststellung. Die übrigen Schiffe erhielten sie erst kurz nach ihrer Fertigstellung. Damit wurde die *Revenge*-Klasse der erste derart geschützte Schlachtschifftyp. Gegen Kriegsende und danach waren auch auf diesen Schiffen Änderungen erfolgt, und diese entsprachen dem Kriegsstandard der übrigen britischen Schlachtschiffe. Dazu gehörten die obligatorisch gewordenen Scheinwerfertürme beiderseits des Schornsteines und am achteren Mast (an letzterem wurde er schon bald wieder entfernt) und ferner auf den überhöhten Türmen Flugzeug-Startplattformen. Diese Aufnahme ist etwa 1920 entstanden und zeigt die *Revenge,* schon mit der Kabine hoch über den Brükkenaufbauten, die sie als einziges Schiff ihrer Klasse bis ganz zuletzt führte. Gut erkennbar ist auch hier der Torpedowulst.

(BfZ)

Jetzt Katapulte für die Bordflugzeuge

Royal Sovereign, hier 1926 aufgenommen, führte damals schon nicht mehr die Flugzeug-Startplattformen auf den überhöhten Türmen, nur noch Fragmente davon sind auf ihnen sichtbar. Anfang der 30er Jahre erhielt sie achtern die gleiche Bordfluganlage wie die *Resolution.* (BfZ)

◁ *Resolution* erhielt 1922 als erstes Schiff ihrer Klasse eine Schornsteinkappe; diese war jahrelang ein unverkennbares Unterscheidungsmerkmal zu ihren Schwesterschiffen, die — mit Ausnahme von *Royal Oak* — etwa 1938/39 ebenfalls solche Schornsteinkappen erhielten. Seit Anfang der 30er Jahre führte die *Resolution* außerdem ein Bordflugzeug mit, für dessen Start achtern ein Katapult aufgestellt worden war. Diese Aufnahme der *Resolution* dürfte Anfang der 30er Jahre entstanden sein. (BfZ)

Royal Oak: Drama in Scapa Flow

Trotz hohen Alters noch immer aktiv

Die *Resolution* hatte bei den Operationen gegen Dakar am 25. September 1940 von dem französischen U-Boot *Bévéziers* einen Torpedotreffer erhalten. Die Reparatur ist dann in Portsmouth begonnen worden, aber die ständig an Heftigkeit zunehmenden deutschen Luftangriffe zwangen dazu, die weiteren Arbeiten an einem anderen, sichereren Ort durchzuführen. Diese erfolgten in Philadelphia. Anschließend verlegte die *Resolution* zur Eastern Fleet. Diese Aufnahme wurde am 28. November 1941 geschossen und zeigt die *Resolution* in ihrer „Kriegsbemalung".

(BfZ)

◁ Die *Royal Oak* sank sechs Wochen nach Beginn des Zweiten Weltkrieges als erstes britisches Großkampfschiff in diesem neuen Völkerringen. Am 14. Oktober 1939 trafen sie mindestens zwei Torpedos des deutschen U-Bootes *U 47,* das unter dem Kommando von Kapitänleutnant Günter Prien in Scapa Flow, dem damaligen Liegeplatz der britischen Home Fleet, eingedrungen war und nach dem Angriff unbehelligt entkommen konnte. Innerhalb von 12 Minuten nach dem ersten Treffer sank dieses Schiff, und 786 Besatzungsangehörige verloren dabei ihr Leben. Von ihren Schwesterschiffen unterschied sich die *Royal Oak* durch den bis nahezu an das Batteriedeck hochgezogenen Torpedowulst, der 1927 entsprechend geändert worden war. Die obere Aufnahme läßt diese Wulstform besonders gut erkennen. Auch auf der unteren Aufnahme ist er noch gut zu sehen. Hier werden aber auch die Verschlüsse der Backbord-Überwasser-Torpedorohre sichtbar. Diese — an jeder Seite zwei mit Schußrichtung nach etwa 35° querab-voraus — waren 1935 zu Versuchszwekken eingebaut worden. (BfZ)

Die *Ramillies* war während des zweiten Weltkrieges auf allen Kriegsschauplätzen eingesetzt: Zuerst sicherte sie Truppentransporte nach Frankreich, Ende 1939 ging sie nach Aden zur Force „J", ab Mitte 1940 war sie bei der Mittelmeerflotte und nahm dabei an mehreren Konvoi-Schutzoperationen teil, und danach operierte sie im Atlantik, meist ebenfalls im Konvoischutz. Ende 1941 erfolgte ihre Verlegung zur Eastern Fleet. Hier nahm sie an den Operationen gegen Madagaskar teil, wobei sie einen Torpedotreffer eines japanischen Klein-U-Bootes erhielt. Deswegen lief sie Durban zur Notreparatur an, doch erwies es sich dann als notwendig, sie in die Heimat zu schicken. Die endgültige Reparatur erfolgte dann in Plymouth. Spätsommer 1943: Zu diesem Zeitpunkt stieß sie erneut zur Eastern Fleet. 1944 kehrte sie auf den europäischen Kriegsschauplatz zurück und unterstützte durch Artilleriefeuer die Invasion, zuerst an der Normandieküste, danach vor der südfranzösischen Küste. Ende 1944 wurde sie dann in die Heimat zurückbeordert und diente fortan als Kasernenschiff. Sie wurde bald nach Kriegsende verschrottet. Diese Aufnahme entstand im Sommer 1944, unmittelbar vor oder schon während der Invasion.

(BfZ)

Nochmals die *Revenge*, hier im September 1949 während der Abbrucharbeiten in Invekeithing aufgenommen. Hier ein Blick in die bereits von der Seite her abgetragenen Brückendecks. (BfZ)

Renown und *Repulse:* Unzureichend wie ihre Vorgänger

Kurz vor Kriegsbeginn hatte man in England das schnelle Schlachtschiff entwickelt, und es schien zunächst, als würde man fortan daran festhalten und den Schlachtkreuzer bisheriger Prägung aufgeben. Diese Prognose hat sich nicht bestätigt: Zum einen ging England nach der schnellen *Queen-Elizabeth*-Klasse zum Bau weniger schneller Schlachtschiffe (*Revenge*-Klasse) über, und zum anderen hatten die ersten Seekriegserfahrungen den Schlachtkreuzer in einem viel besseren Licht erscheinen lassen, als ihm sozusagen „von Natur" zukommen durfte. Insbesondere war es die Überbewertung des Erfolges von *Invincible* und *Inflexible* gegen das deutsche Kreuzergeschwader bei den Falkland-Inseln, und dieser Erfolg gab Lord Fisher die Veranlassung, weitere Schlachtkreuzer zu fordern. Man entschloß sich daher, zwei als Schlachtschiffe bewilligte, bei Kriegsbeginn aber aufgeschobene Neubauten in Schlachtkreuzer umzukonstruieren, für die die damit beauftragten Werften bereits erhebliche Materialmengen bereitgestellt hatten. So entstanden *Renown* und *Repulse*, für deren Bau man je rund 20 Monate benötigte, eine Rekordzeit für derart große Einheiten. Sie wurden die größten, stärksten und schnellsten Schlachtkreuzer der Royal Navy, aber in bezug auf ihre Schutzeinrichtungen war man dem gleichen Fehler verfallen wie bei allen ihren Vorgängern. Diese waren ebenfalls viel zu schwach; auch nachträgliche Änderungen halfen nicht viel. Dieses Bild zeigt die *Renown* noch vor 1917, also in ihrem ursprünglichen Zustand. (Archiv Breyer)

HMS *Refit* und HMS *Repair*

Weil sich *Renown* und *Repulse* in den ersten Jahren als überaus störanfällig erwiesen hatten und oft wegen Schäden in die Werft mußten, hießen sie im britischen Marinejargon „HMS Refit" und „HMS Repair". Eine andere ironische Bezeichnung, „tin cans", war in Anspielung auf ihren unzureichenden Schutz und auf ihre mangelhaften Verbände geprägt worden. Trotz ihres starken Hauptkalibers wurden sie in England nie recht akzeptiert. Hier eine Aufnahme von *Repulse* aus dem Jahr 1918, schon mit der Flugzeug-Startplattform auf Turm B und den Scheinwerfertürmen um den achteren Schornstein. Die Stenge des achteren Mastes fehlt hier. (BfZ)

Der Schlachtkreuzer *Repulse* war wohl von 1934 bis 1936 einer Modernisierung unterzogen worden, aber die Schutzeinrichtungen sind davon nicht betroffen gewesen. So ging die *Repulse* als schwächstes britisches Großkampfschiff in den Krieg — überlebt hat sie ihn nicht: Am 10. Dezember 1941 sank sie, von fünf Torpedos und einer Bombe tödlich getroffen, zusammen mit der *Prince of Wales* östlich der Malaien-Halbinsel. Hier eine Friedensaufnahme der *Repulse* nach dem 1936 abgeschlossenen Umbau.

(BfZ)

Die *Renown* war im Anschluß an *Repulse* ebenfalls einer Modernisierung unterzogen worden, jedoch erfolgte diese in einer tiefer durchgreifenden Form. Die wichtigste Verbesserung war dabei die Verstärkung des Horizontalpanzers. Weiter hatte das Schiff neue Kessel und Maschinen erhalten, und auch die Bewaffnung war — abgesehen von den sechs 38,1-cm-Geschützen — erneuert worden. Äußerlich war die *Renown* kaum mehr wiederzuerkennen, als sie im Sommer 1939 aus der Werft zurückkam, so sehr hatte sie sich verändert. (Archiv Breyer)

Der Zweite Weltkrieg brachte für die *Renown* einen merkwürdigen Zyklus von Einsätzen gegen schwere deutsche Einheiten: Ende 1939 war sie auf die im Südatlantik operierende *Admiral Graf Spee* angesetzt, am 9. April 1940 hatte sie vor dem Vestfjord (Nordnorwegen) eine Gefechtsbegegnung mit *Scharnhorst* und *Gneisenau,* wenige Wochen später verfolgte sie ergebnislos die in die Heimat zurückkehrende, schwer beschädigte *Gneisenau,* im Jahr darauf gehörte sie zu dem Aufgebot, das die *Bismarck* zur Strecke bringen sollte, und gegen Ende des Krieges war sie das einzig verfügbare Großkampfschiff der Home Fleet, das gegen die schwer beschädigte *Tirpitz* hätte eingesetzt werden können. Diese Aufnahme entstand Ende 1943 in Rosyth. Im Januar darauf verlegte sie zur Eastern Fleet. Im Hintergrund ein älteres amerikanisches Schlachtschiff, vermutlich *Texas* oder *Arkansas.* (Archiv Breyer)

Lord Fisher's „Large Light Cruisers"

Es waren keine „Schlachtkreuzer", als die sie oft genug und fälschlicherweise bezeichnet worden sind, sondern von den Engländern wurden sie schlichtweg als „Cruiser" angesprochen, und „Large Light Cruiser" war nur eine Deckbezeichnung, unter der Lord Fisher die Bewilligung durch das Parlament betrieb. Später, als die Schiffe sich im Bau befanden, wurde dieser Begriff nicht mehr angewandt, nur gelegentlich sprach man von ihnen auch als „First Class Cruisers", aber das war nicht offiziell. Dieser Sondertyp verdankte seine Entstehung einem Projekt Lord Fishers: Schon 1909 hatte er vorgeschlagen, im Kriegsfall mit starken Kräften in die Ostsee einzudringen und an der Pommernküste Truppen zu landen, die dann gegen Berlin vorstoßen sollten. Gegen Ende 1914 war dieses Projekt wieder aufgegriffen worden: Jetzt sollte dieser baltische Stoß nur ein Teilstück einer umfassenden Offensive sein, deren weiteren Ziele sich gegen die Dardanellen im Südosten Europas und gegen Flandern im Nordwesten richten sollten. Die Aufgaben der britischen Flotte bestanden darin, mit zahlreichen Einheiten in die Ostsee einzudringen und russischen Truppen die Landung an der pommerschen Küste zu ermöglichen, während gleichzeitig Diversionsunternehmen gegen die friesischen Inseln anlaufen sollten. Ihren Rückhalt sollten die in der Ostsee eingesetzten Einheiten in diesen drei großen Kreuzern finden: Hohe Geschwindigkeit, stärkste Bewaffnung und verhältnismäßig geringer Tiefgang waren ihre kennzeichnenden Merkmale, aber ihre Standkraft war nicht größer als die von Leichten Kreuzern. Diese Aufnahme zeigt die *Glorious* etwa 1917, kurz nach ihrer Fertigstellung. Auffallend ist die ungewöhnlich hohe Barbette des vorderen 38,1-cm-Turmes. (BfZ)

Trotz Unzulänglichkeiten fertiggebaut

Das Scheitern der Dardanellen-Operationen und der deswegen erfolgte Abgang Lord Fishers waren zwei der wesentlichsten Ursachen dafür, daß man auf die geplante baltische Operation verzichten mußte. Zu diesem Zeitpunkt waren die drei großen Kreuzer gerade begonnen, aber man hielt an ihrem Bau weiterhin fest, weil man in ihnen eine begrüßenswerte Verstärkung der Flotte, trotz ihres unzureichenden Schutzes, sah. Nachdem die beiden ersten Einheiten, *Courageous* und *Glorious,* fertiggestellt worden waren, sind sie der 3rd Light Cruiser Squadron zugeteilt worden. *Courageous* (Bild) diente dabei vorübergehend als Minenleger und hatte auf dem langen Achterschiff an jeder Seite zwei Stränge von Verschiebegleisen, deren seitlich überhängende Wurfstellen hier gut sichtbar sind. Diese Installation wurde im britischen Marinejargon als „Clapham Junction“ bezeichnet. (BfZ)

Der dritte Kreuzer nach *Courageous* und *Glorious* war die *Furious,* aber abweichend von jenen — die mit je vier 38,1-cm-Geschützen bestückt worden sind — waren für sie zwei 45,7-cm-Geschütze vorgesehen, jedes in einem Einzelturm an den Schiffsenden, das stärkste Kaliber, das es bisher gegeben hatte! Aber noch vor der Fertigstellung wurde die *Furious* geändert: Hinten behielt sie den 45,7-cm-Turm, aber vorn wurde ein Flugdeck errichtet mit einer Halle darunter, und dazwischen verkehrte ein Lift. Acht bis zehn Schwimmerflugzeuge ließen sich an Bord nehmen. Zum Starten lud man sie auf einen leichten Wagen, der auf einer Gleisspur lief, und diese wiederum hatte leichtes Gefälle nach vorn. Nachdem die Flugzeuge dann neben dem Schiff auf dem Wasser gelandet waren, nahm sie ein Ladebaum wieder an Bord. Diese beiden Aufnahmen zeigen die *Furious,* oben im Juli 1917, kurz nach ihrer Fertigstellung, mit dem Blick auf den achteren 45,7-cm-Turm. Darunter eine Gesamtaufnahme, und diese macht die Zwitterkonstruktion der *Furious* überdeutlich. Dieses Aussehen hatte sie aber nur ein halbes Jahr. (BfZ)

Nachdem *Courageous* und *Glorious* nach Kriegsende noch vorübergehend als Artillerieschulschiffe eingesetzt worden waren, sind sie ab 1924 zu Flugzeugträgern umgebaut worden. Zu Anfang der 30er Jahre galten sie als die vollkommensten Träger ihrer Zeit; bemerkenswert ist dies deswegen, weil sie als Kreuzer ausgesprochene Fehlkonstruktionen waren. Diese Aufnahme zeigt die *Glorious* im Jahr 1935. Fünf Jahre später sank sie unter den Salven der deutschen Schlachtschiffe *Gneisenau* und *Scharnhorst* im Nordmeer. Ihr Schwesterschiff *Courageous* war bereits im Jahr zuvor durch U-Boot-Torpedos versenkt worden. (BfZ)

Von November 1917 bis März 1918 hatte man die *Furious* noch einmal in die Werft geschickt; unter Wegfall auch des achteren 45,7-cm-Turmes erhielt sie jetzt ein weiteres Flugdeck, das landenden Flugzeugen (aber jetzt solchen mit Räder-Fahrwerk!) zur Verfügung stand. Das war von der Idee her ein beachtlicher Schritt vorwärts; allerdings gab es noch erhebliche technische Mängel. Normal sollte die *Furious* jetzt sechzehn Flugzeuge mitführen, aber zeitweise waren bis zu sechsundzwanzig an Bord. So sah die *Furious* aus, als sie am 19. Juli 1918 den Angriff auf den deutschen Luftschiffstützpunkt Tondern unternahm. Dieser war übrigens der erste wirkliche Träger-Einsatz der Seekriegsgeschichte! Hinter dem Schornstein ist ein Gerüst erkennbar, und von ihm sind senkrecht nach unten Manila-Leinen gespannt. Damit sollten Flugzeuge aufgefangen werden, wenn diese die quer über Deck gespannten Bremsseile verfehlt hatten. (BfZ)

Aus Kreuzern werden Flugzeugträger

Es dauerte nicht lange, bis die *Furious* zum „echten" Flugzeugträger umgebaut wurde: Schon 1922 kam sie in die Werft, und als sie 1925 aus dieser zurückkehrte, zeigte sie ein ganz neues Aussehen. Jetzt hatte sie ein völlig glattes Flugdeck und ein durchlaufendes Hallendeck darunter, und es konnten etwa 33 Flugzeuge an Bord genommen werden. Eine „Insel" hatte sie zunächst nicht, erst 1938/39 erhielt sie eine solche, wie auf dieser Aufnahme zu sehen ist. Die *Furious* überlebte den Zweiten Weltkrieg, wurde aber bald darauf zu Schrott verarbeitet. (BfZ)

Non plus ultra: *Hood*

Als 1914 in England die deutschen Vorbereitungen zum Bau der *Mackensen*-Klasse bekannt wurden, entschloß man sich dort zu „Antwort"-Bauten, die gleichzeitig auch die *Derfflinger*-Klasse erheblich übertrumpfen sollten. Dafür kam nur ein Kaliber in Betracht: 38,1 cm. Schon im März 1916 wurde der endgültige Entwurf genehmigt: Dieser sah Schiffe von 36 000 ts mit acht 38,1-cm-Geschützen vor, die 32 bis 33 kn laufen sollten. Wenige Wochen nach Auftragserteilung kam es zu dem Treffen vor dem Skagerrak, und dabei mußte der Verlust von drei Schlachtkreuzern auf die Royal Navy wie ein Schock wirken. Jetzt ist man sich dort bewußt geworden, welche Fehler bei dem seitherigen Schlachtkreuzerbau gemacht worden waren. Damit wurde der Entwurf dieses neuen Schlachtkreuzertyps in Frage gestellt, denn auch hier war dem Faktor „Standfestigkeit" nur nachrangige Bedeutung zugemessen worden. Aus diesem Grunde entschloß man sich zu einer einschneidenden Entwurfsänderung, und diese lief darauf hinaus, die Panzerdicken um durchschnittlich 50 v. H. zu verstärken, wodurch wiederum eine Gewichtssteigerung um rund 5000 ts bewirkt wurde. Wie eilig man es mit diesem Typ hatte, wird an der Hektik der Inbaugabe deutlich: Obwohl die Entwurfsänderung bis in das Jahr 1917 hinein dauerte, legte man das erste Schiff bereits im September 1916 auf Kiel: Es war die *Hood*. Nachdem sie 1920 in Dienst gestellt worden war, nahm sie fast zwei Jahrzehnte lang eine Art von Symbolstellung für Britanniens Seemacht ein. Sie war nicht das stärkste, aber das größte Kriegsschiff ihrer Zeit. Hier ist die *Hood* im letzten Ausrüstungsstadium in ihrer Bauwerft zu sehen, aufgenommen am 9. Januar 1920. Zwei Monate später wurde sie in Dienst gestellt. Ihre drei Schwesterschiffe sind übrigens nicht mehr begonnen worden, auf ihre Inbaugabe war verzichtet worden, nachdem man erfahren hatte, daß die Arbeiten an den deutschen Großkampfschiff-Neubauten zum Erliegen gekommen sind. (Archiv Breyer)

144 000 PS:
Die leistungsstärkste Maschinenanlage der Welt

Die sehr leistungsstarke Antriebsanlage der *Hood* — ihr Gesamt-output belief sich auf 144 000 PS, mithin das größte Leistungsaufkommen, das bis dahin je auf einem Kriegsschiff installiert worden war — machte eine erhebliche Ausdehnung der Zitadelle erforderlich: Das wiederum bewirkte, daß die schweren Türme verhältnismäßig nahe an den Schiffsenden aufgestellt werden mußten, wodurch der sehr lange Schiffskörper erheblichen Biegungsbeanspruchungen ausgesetzt wurde. Hier ein Bild schräg von achtern nach vorn. Diese Aufnahme wurde am 31. Mai 1929 geschossen, unmittelbar bevor das Schiff für zwei Jahre zur ersten Modernisierung in die Werft kam. Das Achterschiff galt als sehr „naß“ und schnitt bei forcierter Fahrt oft unter. (Archiv Breyer)

Im Endeffekt doch unzureichend wie ihre Vorgänger

In den letzten Vorkriegsjahren war die *Hood* im Mittelmeer eingesetzt, doch wurde sie gleich bei Kriegsbeginn zur Home Fleet verlegt. An den Operationen um Norwegen im Frühjahr 1940 konnte sie nicht teilnehmen, weil sie zu dieser Zeit zur Überholung in der Werft lag. Ihren ersten großen Einsatz erlebte sie am 3. Juli 1940 im Rahmen der Force „H", zu der sie kurzfristig abgeordnet war: An diesem Tag ging es gegen den französischen Flottenstützpunkt Mers el Kebir bei Oran. Dort hatten sich nach der Kapitulation Frankreichs wesentliche Teile der französischen Flotte eingefunden, und diese waren jetzt von den Engländern zur Übergabe aufgefordert worden, um sie nicht in die Hände der Achsenmächte fallen zu lassen. Die Franzosen lehnten jedoch ab, und darauf eröffneten die britischen Schiffe das Feuer und brachten ihnen empfindliche Verluste bei. Seit 125 Jahren — seit Waterloo — schossen erstmalig wieder Briten und Franzosen aufeinander. Ein Jahr später gab es die *Hood* nicht mehr; am 24. Mai 1941 sank sie unter den Salven der deutschen *Bismarck*. Ihrem Untergang ging eine schwere Explosion voraus, wobei sie in zwei Teile gerissen wurde: Ein 38,1-cm-Treffer war die Ursache — er war in der 10,2-cm-Munitionskammer detoniert —, und dadurch ging eine der achteren 38,1-cm-Munitionskammern hoch. Von der *Hood* blieben nur drei Mann übrig. Sie hatte damit das Schicksal ihrer Vorgängerinnen *Invincible, Indefatigable* und *Queen Mary* geteilt; auch diese waren durch Treffer in den Munitionskammern vernichtet worden. Bei der *Hood* zeigte sich erneut, daß trotz der nach der Skagerrakschlacht erfolgten Entwurfsänderungen die Standfestigkeit noch immer unzureichend gewesen ist. Hier eine Aufnahme, die sie in einem der letzten Vorkriegsjahre in einem Mittelmeerhafen zeigt.

(BfZ)

Nelson und *Rodney*: Die stärksten britischen Großkampfschiffe

Nelson war das erste Schlachtschiff der Welt, das unter den einengenden qualitativen Bestimmungen des Washington-Vertrages entstanden ist. Ihre Schlagkraft war ebenso respektabel wie ihre Standkraft: Neun 40,6-cm-Geschütze in Drillingstürmen, sämtlich im Vorschiff konzentriert, und Panzerdicken bis zu 356 mm vertikal und 159 mm horizontal waren ihre Attribute. Diese waren wiederum dadurch erkauft worden, daß man bei der Antriebsanlage Gewicht einsparte und sich mit nur 23 kn Höchstfahrt zufriedengab. Dieses Bild ist Anfang 1940 entstanden, nachdem das Leck abgedichtet worden war, das die *Nelson* am 4. Dezember 1939 durch einen Minentreffer erhalten hatte. Zum Schutz gegen zukünftige Minentreffer erhielt das Schiff eine Mineneigenschutzanlage, deren „de-gaussing coil“ — die jedoch später nicht mehr in dieser Form geführt wurde — am Rumpf gut erkennbar ist.

(Archiv Breyer)

Als Anfang 1941 die deutschen Schlachtschiffe *Gneisenau* und *Scharnhorst* erfolgreich im Atlantik Tonnagekrieg führten, begegneten sie dreimal britischen Schlachtschiffen, aber jedes Mal konnten sie diesen rechtzeitig ausweichen. Eines dieser Schlachtschiffe war die *Rodney*. Wenige Wochen später, im Mai 1941, war es die *Rodney,* die zusammen mit andern Einheiten das deutsche Schlachtschiff *Bismarck* niederkämpfte. Diese Aufnahme ist vermutlich in jenem Jahr entstanden und zeigt die *Rodney* mit einem großflächigen Tarnanstrich. Auf Turm C ist noch das Katapult vorhanden, auf ihm befindet sich ein „Walrus"-Amphibien-Flugboot. (Archiv Breyer)

Nach der Landung der Alliierten in der Normandie griffen die Schlachtschiffe *Nelson* und *Rodney* mit ihrer schweren Artillerie wiederholt in die Kämpfe an Land ein und halfen der Truppe, vorwärtszukommen. Insbesondere war das im Raum von Caen der Fall, wo sich der deutsche Widerstand versteift hatte. Hier erhielten die alliierten Heeresverbände außer der obligaten Unterstützung aus der Luft durch Bomber und Jabos auch Hilfe von See her: Kreuzer und Zerstörer, vor allem aber das Schlachtschiff *Rodney,* zerhämmerten fast pausenlos die deutschen Stellungen und machten jedwede Truppenbewegungen auf deutscher Seite fast völlig unmöglich. Was seinerzeit die deutschen Truppen über sich ergehen lassen mußten, ist mit Worten nicht zu fassen. Hier eine in jenen Tagen entstandene Aufnahme der *Rodney,* die sie beim Feuern ihrer schweren Artillerie zeigt. (BfZ)

Nach dem Ende des Zweiten Weltkrieges war die Zeit der Schlachtschiffe vorbei — endgültig. Die beiden großen angelsächsischen Marinen entledigten sich zunächst ihrer ältesten Einheiten, aber bald darauf kamen auch jüngere an die Reihe, so auf britischer Seite *Nelson* und *Rodney*. Im Februar 1949 begann man in Inverkeithing mit dem Abbruch der *Nelson,* die hier mit Schlepperhilfe an ihren Abwrackort verlegt. Sie liegt schon ungewöhnlich hoch aus dem Wasser, da bereits alle Vorräte und viel Inventar und Ausrüstungsstücke abgegeben worden sind. Auch Teile der Bewaffnung fehlen bereits.

(BfZ)

Zu Unrecht umstritten: Die neue *King George V*-Klasse

Als die Engländer im Jahre 1937 wieder den Bau von Schlachtschiffen aufnahmen, hatten sie sich längst für das 35,6-cm-Kaliber entschieden. Ein solches Geschützmodell befand sich bereits in der Fertigung, und die Entwicklung eines schweren Kalibers hätte den Baubeginn der Schiffe um Jahre verzögert. Ein anderer wichtiger Grund für die Option auf dieses Kaliber lag darin, daß man die dadurch einzusparenden Gewichte für die Steigerung der Standkraft, also für die Panzerung, ausnutzen konnte. Als das britische Beispiel der Kaliberbeschränkung jedoch bei keiner anderen Marine Schule machte, entstand in England ein heftiger Meinungsstreit um diese Neubauten, die in den Augen konservativer Kreise als ausgesprochene Fehlkonstruktionen galten, zu Unrecht allerdings, wie sich später herausstellen sollte, denn diese Klasse hat sich im Kriege durchaus bewährt. Hier die *King George V.*, das Typschiff dieser Klasse, in südostasiatischen Gewässern, aufgenommen etwa Anfang 1945. Die Spuren langer Seezeiten sind unverkennbar.

(Archiv Breyer)

Prince of Wales: „The coward ship"?

Überaus heftige Kritik war an dem Verhalten der *Prince of Wales* geübt worden, nachdem sie vor der deutschen *Bismarck* abgedreht hatte. Dies ging sogar so weit, daß sie hinfort in der Marine als „the coward ship" galt, aber all dies war ungerechtfertigt: Die *Prince of Wales* war erst acht Wochen vor dieser Begegnung in Dienst gestellt worden und noch keineswegs eingefahren. Auf ihr war die Funktionstüchtigkeit vieler Einrichtungen noch nicht hergestellt, und immer wieder kam es zu Störungen, vor allem im Artilleriebereich. Ein weiteres Ausharren des Schiffes hätte mit einiger Sicherheit sein Ende bedeutet, und deshalb war der Entschluß zum Abdrehen das beste, was in dieser Situation angezeigt war. In den Augen mancher Engländer wurde die Ehre dieses Schiffes erst mit seinem Untergang wiederhergestellt. Hier eine Aufnahme der *Prince of Wales* kurz nach ihrer Indienststellung.

(Archiv Breyer)

Duke of York war das dritte Schiff der *King-George-V.*-Klasse und wurde erst gegen Ende 1941 fertig. Ihre erste Reise — mit Premier Winston Churchill an Bord — führte in die USA, wo der alliierte Kriegsrat zum erstenmal zusammentrat. Der Home Fleet zugeteilt blieb sie, abgesehen von einem kurzen Zwischenspiel bei der Force „H" im Mittelmeer während der Operation „Torch" im November 1942, bis Frühjahr 1945. In diesen Jahren war sie an mehreren Vorstößen gegen Nordnorwegen und zur Konvoisicherung eingesetzt. Dabei stieß sie Ende 1943 auf das deutsche Schlachtschiff *Scharnhorst,* das nach hartnäckiger Gegenwehr sank. Den letzten Teil des Krieges verbrachte die *Duke of York* bei der British Pacific Fleet. Erst im Sommer 1946 kehrte sie von dort in die Heimat zurück. Elf Jahre später wurde sie gestrichen und bald darauf abgebrochen. Diese Aufnahme zeigt die *Duke of York* kurz nach Kriegsende.

(Archiv Breyer)

▷

Flugzeuge versus Schlachtschiffe

Spätestens der 10. Dezember 1941 machte deutlich, daß nicht mehr das Schlachtschiff das alleinherrschende Machtinstrument auf den Meeren ist: An diesem Tage griffen landgestützte japanische Marinebomber die aus Singapore ausgelaufenen britischen Großkampfschiffe *Repulse* und *Prince of Wales* an und versenkten diese durch zahlreiche Lufttorpedo- und Bombentreffer. Daß die *Repulse* diesem Angriff erlag, war angesichts ihres schwachen Schutzes nicht verwunderlich. Die Tatsache, daß selbst ein so modernes Schiff wie die *Prince of Wales* nicht widerstand, mußte zum Nachdenken anregen: Von jetzt ab begann man einzusehen, daß das Schlachtschiff seine ursprüngliche Bedeutung verloren hat und aus der Luft genauso gefährdet ist wie jedes andere Kriegsschiff. Wenn es künftig noch eingesetzt werden sollte, dann nur abgeschirmt aus der Luft durch eigene Flugzeuge. Die Amerikaner und die Engländer zogen aus diesen Lehren sofort die Konsequenzen: Fortan befanden sich stets Flugzeugträger bei den Schlachtschiffen. Die Aufnahme rechts wurde von japanischen Flugzeugen während ihres Angriffes auf die beiden britischen Großkampfschiffe geschossen: Diese zeigt links oben die *Prince of Wales* und rechts unten die von Bomben eingedeckte *Repulse.* Wenig später sinken beide. Wie ein britischer Maler den Angriff sah, zeigt der Gemäldeabdruck, auf dem vorn die *Prince of Wales* zu sehen ist (oben). (Archiv Breyer)

Ohne eigene Flugzeuge schutzlos

The British Pacific Fleet

Anläßlich der Gipfelkonferenz im November 1943 hatten sich die anglo-amerikanischen Führungsgremien darauf geeinigt, daß das Schwergewicht des Krieges gegen Japan im Pazifik zu liegen hat und daß nach der Niederringung Deutschlands dann auch im Pazifik britische Streitkräfte, darunter ein größerer Flottenverband eingesetzt werden soll. Der Zeitpunkt dafür war schon bald gekommen: Anfang 1945 wurde die British Pacific Fleet aufgestellt, durchweg moderne Einheiten, und dazu gehörten zunächst die Schlachtschiffe *King George V.* und *Howe,* später auch *Duke of York* und *Anson.* Die Aufnahme recht zeigt einen Teil der British Pacific Fleet mit Blick auf die *Duke of York* von achtern. Die Aufnahme oben zeigt die *Anson* im August 1945 in einem Trockendock in Sydney/Australien liegend, wo sie gerade überholt wurde.

(BfZ und Archiv Breyer)

Unter den Salven dieser Geschützrohre war am 26. Dezember 1943 das deutsche Schlachtschiff *Scharnhorst* gesunken. Jetzt, zum Zeitpunkt dieser Aufnahme — September 1958 — liegen die ersten von ihnen als Schrott an Deck und werden keinen Schaden mehr anrichten können. Kurz zuvor hatten die Abwracker mit ihrer Tätigkeit begonnen und waren der *Duke of York* Stück für Stück mit ihren Schneidbrennern zu Leibe gegangen. Als dieses Schiff im Frühjahr 1949 in das Reserveverhältnis übergewechselt war, war es gerade auf siebeneinhalb aktive Dienstjahre gekommen, eine vergleichsweise sehr geringe Zeit.

(Archiv Breyer)

Nachdem die Arbeiten an den beiden im Sommer 1939 begonnenen Schlachtschiffen *Lion* und *Temeraire* kurz nach Kriegsbeginn eingestellt worden waren, weil die für sie in der Fertigung stehenden 40,6-cm-Geschütze und ihre Türme aus kriegsbedingten Gründen nicht rechtzeitig fertiggestellt werden konnten, entschloß man sich, ein anderes Schlachtschiff in Auftrag zu geben und dieses mit vorhandenen 38,1-cm-Geschützen — die sich einstmals auf den Kreuzern *Courageous* und *Glorious* befunden hatten — auszurüsten. So kam es zum Bau eines modernen Schlachtschiffes mit zwar recht betagter, aber doch noch durchaus brauchbarer Hauptbewaffnung. Es erhielt den Namen *Vanguard* und wurde das größte britische Kriegsschiff, das jemals gebaut worden war, und dieses ist es bis heute geblieben. Alles deutet darauf hin, daß es in Zukunft keinen britischen Kriegsschiff-Neubau mehr geben wird, der an die *Vanguard* größenmäßig heranreichen wird. Diese Aufnahme zeigt die *Vanguard* von oben, wobei ihre beiden achteren Türme gut sichtbar sind.

(Archiv Breyer)

Das letzte britische Schlachtschiff

Zwar hatte man in England gehofft, daß die *Vanguard* noch bis 1943 fertiggestellt werden kann, doch mußte man damit bis Frühjahr 1946 warten — der Bau des Schiffes kam für den Krieg nicht mehr zurecht. Allerdings hatte man auf Grund der sich ab 1944 einschneidend veränderten Lage keine allzugroße Eile mehr damit, und deswegen war das Bautempo erheblich gedrosselt worden, um anderen Prioritäten Rechnung zu tragen. Das erste größere Ereignis für die *Vanguard* stand dann auch im Zeichen des Friedens: Es war eine repräsentative Reise des britischen Königspaares von Februar bis Mai 1947, die bis nach Südafrika führte. Aus jener Zeit stammt diese Aufnahme. (Archiv Breyer)

Eine Aera geht zu Ende

Als die *Vanguard* im Jahr 1960 den Abwrackern überantwortet wurde, war die Ära der britischen Großkampfschiffe endgültig vorüber, eine Ära, die 55 Jahre zuvor ihren Lauf genommen und zu immer mächtigeren Bauten geführt hatte. Sie alle, einst ganzer Stolz dieser weltbeherrschenden Seemacht von gestern, sind verschwunden. Keines von ihnen ist nicht einmal — wie in den USA — als Monument erhalten geblieben. Sic transit gloria mundi ...

(BfZ)

Großkampfschiffe der deutschen Marine

Letzte Vorläufer der deutschen Großkampfschiffe

Kurz nach der Jahrhundertwende entstand mit den fünf Einheiten der *Deutschland*-Klasse der letzte Linienschiffstyp der Vor-Dreadnought-Zeit. Dem Vorgehen anderer großer Seemächte, eine „halbschwere" Artillerie zwischen schwerer und mittlerer Artillerie einzuschieben, war die Kaiserliche Marine nicht gefolgt, weil ihr die Feuerleitung gleich dreier Kaliber mit den Mitteln ihrer Zeit nur schwer durchführbar erschien. Das einzige Zugeständnis, das sie in dieser Hinsicht machte, war die Erhöhung des Mittelartillerie-Kalibers von 15 cm auf 17 cm. Zu den fünf Einheiten dieser Klasse gehörte die *Pommern,* die hier die Levensauer Hochbrücke des Kaiser-Wilhelm-Kanals in Ost-West-Richtung passiert. Ihr Schicksal ereilte sie am 1. Juni 1916 während der Skagerrakschlacht. Als in der Nacht britische Zerstörer angriffen, wurde sie von einem Torpedo getroffen. In einer gewaltigen Explosion brach sie auseinander und sank, mehr als 800 Mann ihrer Besatzung mit sich nehmend. Dieses Bild wurde am 18. Juli 1911 aufgenommen.

(BfZ)

Die ersten Großkampfschiffe

Linienschiff *Westfalen,* das erste Großkampfschiff der Kaiserlichen Marine, aufgenommen am 12. Juli 1910. Die Aufnahme zeigt das Schiff noch mit seinen charakteristischen FT-Stengen an den Masten. 1911 fielen diese weg. Solche FT-Stengen hatte außer *Westfalen* nur noch die *Nassau,* aber auch nur bis 1915. Hier fehlen auf der *Westfalen* noch die Torpedonetze. (BfZ)

Auf den ersten deutschen Großkampfschiffen war die Schwere Artillerie in sog. „Sexagonal"-Aufstellung angeordnet: Je ein Turm standen in den Endpositionen, und je zwei Türme auf den Seitendecks. Dadurch konnten jeweils bis zu acht Rohre nach den Seiten hin zum Einsatz gebracht werden. Das Gewicht einer Breitseite belief sich bei der *Nassau*-Klasse auf 2416 Kilogramm. Die vier übrigen Rohre sollten nach den damaligen taktischen Vorstellungen als Feuerlee-Reserve dienen. Diese Aufnahme zeigt das Linienschiff *Westfalen,* aufgenommen von einem Flugzeug aus gegen Ende des Krieges. Die weißen Ringe auf den Decken der Endtürme waren Flieger-Erkennungszeichen.

(BfZ)

Die Brückenaufbauten auch der größten Kriegsschiffe waren in den ersten Jahren des neuen Jahrhunderts noch denkbar einfach gestaltet und beanspruchten nur wenig Platz. In der Regel war um den gepanzerten Kommandostand (der hier an seinen Sehschlitzen gut erkennbar ist) ein sog. „Friedenssteuerstand“ herumgebaut, von dem aus normalerweise das Schiff gefahren wurde. Nur im Gefecht wechselte die Schiffsführung in den Kommandostand, der dank seiner meist sehr starken Panzerung kaum verletzbar war. Was sonst noch zu den Brückenaufbauten gehörte, waren ein oder zwei Signalstände, Scheinwerfer-Plattformen, ein Kompaßpodest und natürlich der Mast als Träger von Signalmitteln. Wie seinerzeit ein solcher Brückenaufbau ausgesehen hat, vermittelt diese Aufnahme des Linienschiffes *Rheinland,* die aus dem Jahre 1911 stammt. (BfZ)

Der hervorragend durchkonstruierte Unterwasserschutz der deutschen Großkampfschiffe machte eine größere Schiffsbreite als bisher erforderlich, und dadurch wiederum konnte ihre Stabilität wesentlich erhöht werden. Dies wird deutlich am Beispiel des Linienschiffes *Rheinland,* aufgenommen am 26. April 1910, genau von achtern. Gut zu sehen sind hier die drei achteren Türme mit je zwei 28-cm-Geschützen. Diese Linienschiffe waren die letzten, die noch die schwanenhalsförmigen Dampfkrane erhalten hatten. (BfZ)

Blücher: Keine Chance gegen Großkampfschiffe

Keineswegs war der Große Kreuzer *Blücher* — entgegen allen damaligen Vermutungen und Behauptungen — eine deutsche „Antwort" auf den britischen *Invincible*-Sprung, sondern die letzte Stufe der deutschen Panzerkreuzer-Entwicklung. Dabei hatte *Blücher* vergleichsweise zu seinen ausländischen, vor allem den britischen „Artgenossen" wesentliche Vorteile auf seiner Seite: Seine zwölf 21-cm-Rohre hatten wegen der Einheitlichkeit des Kalibers und der damit verbundenen Vorteile in bezug auf Schußfolge, Feuerleitung, Aufschlagbeobachtung, Treffsicherheit und Logistik sicher einen höheren Stellenwert als die in zwei Kalibern aufgespaltene Hauptartillerie der britischen Panzerkreuzer, und auch seine Geschwindigkeit war höher. Damit war *Blücher* durchaus gut dafür geeignet, um die dem Panzerkreuzer zugedachten Aufgaben als Rückhalt der Aufklärung im Flottenverband und auch die des Auslandskreuzers zu erfüllen. Den wesentlich anders gearteten Aufgaben des Schlachtkreuzers war *Blücher* hingegen so gut wie nicht gewachsen. Daß man dieses Schiff wie einen solchen in einen Schlachtkreuzer-Verband einreihte, wurde ihm am 24. Januar 1915 auf der Doggerbank zum Verhältnis: Es sank im Feuer britischer Schlachtkreuzer, nachdem es diesen eineinhalb Stunden lang standgehalten hatte. *Blücher* war das erste deutsche Kriegsschiff mit einem Dreibeinmast, der allerdings erst 1913 versuchsweise errichtet worden war.

(BfZ)

Erster deutscher Schlachtkreuzer

Das war die deutsche Erwiderung auf den britischen *Invincible*-Sprung: *Von der Tann,* der erste Schlachtkreuzer der Kaiserlichen Marine. Kalibermäßig war man hinter den britischen Schlachtkreuzern zurückgeblieben, doch war der Schutz des deutschen Schiffes ungleich besser durchkonstruiert. Bei der Skagerrakschlacht vernichtete *Von der Tann* mit seinen 28-cm-Geschützen den kalibermäßig überlegenen britischen Schlachtkreuzer *Indefatigable.* Diese Aufnahme entstand am 26. Mai 1910 während einer der ersten Werftprobefahrten. In Dienst gestellt wurde *Von der Tann* erst am 1. September 1910. (BfZ)

Im Vergleich zu der britischen *Invincible*-Klasse hatte *Von der Tann* eine etwas günstigere Anordnung der Hauptartillerie: Während auf den britischen Schiffen die mittleren Türme so eng beieinander angeordnet waren, daß der Turm der Feuerleeseite nur einen sehr kleinen Bestreichungswinkel nach der Feuerluvseite hatte, bot der deutsche Entwurf für die beiden mittleren Türme ein wesentlich größeres Schußfeld, sowohl nach Steuerbord wie auch nach Backbord. Als weiteres Plus des deutschen Schiffes war die Beibehaltung einer aus 15-cm-Geschützen bestehenden Mittelartillerie zu werten, denen die Engländer auf ihrer *Invincible*-Klasse nur 10,2-cm-Geschütze entgegensetzen konnten. (BfZ)

Torpedorohre: Damals noch unverzichtbar für Groß-kampfschiffe

Bis in den ersten Weltkrieg hinein galt es auch in Deutschland als selbstverständlich, Großkampfschiffe auch mit Torpedorohren auszurüsten. Alle Linienschiffe und Großen Kreuzer erhielten fest eingebaute, unter der Wasserlinie liegende Ausstoßrohre, meist fünf an der Zahl. Vier davon schossen seitwärts, das fünfte wurde als Bugrohr angeordnet. Dieses Foto, 1912 in einem Schwimmdock der Kaiserlichen Werft in Kiel aufgenommen, zeigt die *Thüringen,* wobei ihr Bug-Torpedorohr gut erkennbar ist.

Schnelligkeit noch zweitrangiges Problem

Bei den Großkampfschiffen der Vorkriegszeit war das für die Schlankheit des Schiffskörpers und damit auch auf die Schnelligkeit einwirkende Verhältnis von Schiffslänge zu Schiffsbreite noch wenig günstig. Damals wurden aber noch keine Geschwindigkeitsforderungen gestellt, die wesentlich über die 20-Knoten-Marke hinausgingen, und deshalb konnte man sich mit L/B-Verhältnissen zufriedengeben, die im Mittel bei etwa 5,8 lagen. Bei der *Helgoland*-Klasse betrug dieser Wert 5,52. Wie gedrungen dabei der Schiffskörper ausgefallen ist, zeigt dieses Bild der *Helgoland,* das am 17. Juni 1918 von einem Flugzeug aus aufgenommen worden ist. (BfZ)

Übergang zum Kaliber 30,5 cm

Auf den Linienschiffen der *Helgoland*-Klasse war die Schwere Artillerie wie auf der *Nassau*-Klasse in Sexagonalaufstellung angeordnet, doch hatte man kalibermäßig nunmehr mit Großbritannien gleichgezogen. Diese Aufnahme der *Helgoland* entstand in einem späteren Stadium des Krieges, wie an dem Fehlen der Torpedonetze zu erkennen ist. Auch die Flöße an den Seitenwänden der schweren Türme deuten auf einen späten Aufnahmezeitpunkt hin, ebenfalls das fehlende Kompaßpodest über dem achteren Kommandoturm und die Fleckerstände auf den Masten. (BfZ)

Drei Schornsteine: Relikt aus der Vor-Dreadnought-Zeit

Mit ihren drei Schornsteinen wurzelten die Linienschiffe der *Helgoland*-Klasse eigentlich noch in jener Entwurfsära, in der die Vor-Dreadnought-Linienschiffe der *Braunschweig*- und *Deutschland*-Klasse entstanden waren. Von den vier Schiffen der *Helgoland*-Klasse wurde nur ein einziges von einer marineeigenen Werft gebaut, die drei übrigen von Privatwerften. Zur letzteren gehörte die bei der AG „Weser" in Bremen in Auftrag gegebene *Thüringen*. Dieses Bild — aufgenommen im Winter 1910/11 — zeigt sie in der Ausrüstung. Mittelartillerie und schwere Türme sind bereits montiert, nur fehlen auf letzteren noch teilweise die Rohre. (BfZ)

Ostfriesland: Zielschiff für amerikanische „bombing tests"

Daß die Amerikaner mit einem erbeuteten deutschen Großkampfschiff aufsehenerregende Versuche durchgeführt haben, ist heute fast in Vergessenheit geraten: Nach dem Ende des Ersten Weltkrieges war die *Ostfriesland,* das dritte Schiff der *Helgoland*-Klasse, den Vereinigten Staaten zugesprochen und von diesen am 7. April 1920 als „Battleship H" übernommen worden. Ab Sommer 1921 ist dann vor der virginischen Küste unweit von Cape Henry eine Serie von „bombing tests" begonnen worden, um darüber Erkenntnisse zu gewinnen, ob es angesichts der bisherigen und der sich abzeichnenden weiteren Entwicklung des Kriegsflugzeugs künftig noch vertretbar sein wird, am Schlachtschiff als Hauptkampfschiffstyp festzuhalten. Die Serie begann am 20. Juli 1921 mit zahlreichen Bombenwürfen, wobei 13 Treffer erzielt werden konnten. Am Tage darauf sind dann nochmals drei Treffer erzielt worden, aber auch dadurch ist das Schiff nicht lebensgefährlich verletzt worden. Es entstanden jedoch Lecks, wodurch es zu Wassereinbrüchen kam und das Schiff allmählich tiefer fiel. Nachdem nochmals Bomben geworfen worden waren, von denen die meisten ganz dicht am Schiff einschlugen, sank es innerhalb von 10 Minuten. Hier zeichnete sich erstmals ab, was Schlachtschiffe künftig aus der Luft zu erwarten hatten. Dieses Bild zeigt die Überführung der *Ostfriesland* mit amerikanischer Besatzung. Im Großtopp weht das Sternenbanner, am Bug ist der Buchstabe „H" als nunherige Bezeichnung des Schiffes erkennbar. (BfZ)

Goeben: Ein Schiff macht Geschichte

Alle deutschen Schlachtkreuzer bis zu *Mackensen* erhielten die Namen von Heeresgeneralen, auch die *Goeben,* benannt nach dem preußischen General August von Goeben (1816—1880), dem wegen seiner Verdienste im Kriege 1870/71 die sehr seltene Auszeichnung des Großkreuzes zum Eisernen Kreuz zuerkannt worden war. Die *Goeben* gehörte von 1912 ab der im Mittelmeer detachierten Division an und trug wesentlich dazu bei, daß die Türkei an der Seite der Mittelmächte in den Krieg eintrat. 1918 wurde sie endgültig der Türkei überlassen und dort nach mehr als fünf Jahrzehnten (1973—1976) zu Schrott zerlegt. Ein türkisches Angebot, das Schiff zurückzunehmen, verhallte trotz vieler Fürsprachen und Initiativen in der Bundesrepublik ohne Reaktion. Diese Aufnahme wurde 1915 in den Dardanellen geschossen. (BfZ)

Am Vorabend des ersten Weltkrieges

Diese Aufnahme vermittelt noch die Unbefangenheit der Friedenszeit: Ein großer Teil der *Moltke*-Besatzung hat sich hier dem Fotografen gestellt, wo immer sich dafür Platz bot, selbst auf dem schmalen Schornsteinteller. Von der Brücke ist kaum mehr etwas zu sehen, so wenig beherrscht sie das Bild, auch wenn sich ihre Männer nicht vor ihr drängen würden. Deutlich zu sehen sind die zusammengerollten Torpedonetze und ihre beigeklappten Spieren, mit denen sie ausgebracht wurden und einen regelrechten Vorhang um das Schiff bildeten. Dieser Schutz war freilich nur für das gestoppt liegende Schiff möglich, aber in Fahrt völlig unbrauchbar. Hier führt die *Moltke* bereits den Aufsatz auf dem vorderen Schornstein, den sie erst 1913 erhalten hatte. (Archiv Breyer)

Oft genug hart mitgenommen

Der Große Kreuzer *Moltke* am Morgen nach der Skagerrakschlacht beim Rückmarsch in die Heimat, aufgenommen von einem anderen Schiff der Hochseeflotte. Im Hintergrund ein sicherndes Torpedoboot. Mit nur vier Treffern, die das Schiff erhalten hatte, gehörte es zu den weniger hart angeschlagenen deutschen Einheiten. Ein Jahr zuvor hatte *Moltke* bei einem Unternehmen im Rigaer Meerbusen von dem britischen U-Boot *E 1* einen Torpedotreffer in das Vorschiff erhalten. Mit über 450 Tonnen Wasser in den Räumen kehrte sie in die Heimat zurück und wurde in Hamburg repariert. Im April 1918 konnte dann das britische U-Boot *E 42* einen Torpedotreffer erzielen, und diesmal drangen mehr als 2000 Tonnen Wasser in das Schiff ein. Dennoch wurde es eingebracht.

(Archiv Breyer)

Obwohl die *Goeben* im Verlaufe des Krieges drei Minentreffer erhalten hatte, bestand mangels Dockmöglichkeiten keine Gelegenheit zu einer umfassenden Reparatur. Die Lecks konnten mit Hilfe eines Caissons nur provisorisch abgedichtet werden. Erst im Mai 1918 bot sich — nach mehr als vier Jahren — erstmals wieder eine Dockgelegenheit. Das war nach dem Ausscheiden Rußlands aus dem Kriege der Fall, als das Schiff Sewastopol anlief und das dort vorhandene Trockendock nutzen konnte. Dies allerdings nur zu einer Inspektion, denn an eine Reparatur war mangels Facharbeiter und Material auch jetzt noch nicht zu denken. Erst acht Jahre später, nachdem die Türkei ein Schwimmdock hatte bauen lassen, konnten die Schäden endgültig behoben werden. Im Mai 1918 wurde dieses Bild im Trockendock in Sewastopol aufgenommen.
(BfZ)

Kaiser-Klasse: Geänderte Geschützaufstellung

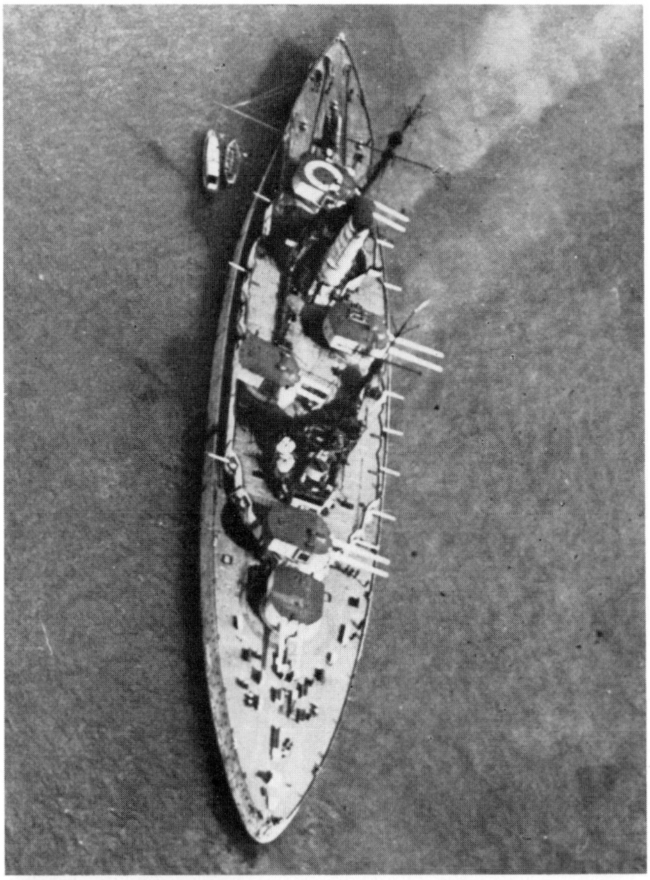

Mit der *Kaiser*-Klasse wurde bei der Aufstellung der Schweren Artillerie ein anderer Weg eingeschlagen: Dadurch, daß man die beiden mittleren Türme diagonal zueinander versetzt anordnete, wurden diese befähigt, sowohl nach der einen wie nach der anderen Seite zu feuern. Einen weiteren Vorteil gewann man mit der überhöhten Aufstellung der beiden Endtürme, so daß trotz der Verringerung der Turmzahl nunmehr zehn (statt bisher acht) Rohre zum Tragen gebracht werden konnten, nach Steuerbord so gut wie nach Backbord. Diese Luftaufnahme eines Linienschiffes der *Kaiser*-Klasse macht das besonders deutlich, weil alle Türme bis auf den achtersten nach Steuerbord geschwenkt sind, auch der an Backbordseite angeordnete. (BfZ)

◁

In den Vorkriegsjahren verteilte sich die Hochseeflotte jeweils nach ihren Sommermanövern zu einem kurzen Aufenthalt in norwegische Fjorde, um den Besatzungen eine Verschnaufpause zu gönnen. So war es auch im Sommer 1914, wobei die Manöver mit einer Nordlandreise Kaiser Wilhelms II. auf der Kaiserlichen Yacht *Hohenzollern* verbunden waren. Am 25. Juli veranlaßte ihn die Haltung Rußlands, Serbiens und Österreich-Ungarns, diese Reise abzubrechen und der Hochseeflotte den Befehl zum Rückmarsch in ihre heimischen Häfen zu erteilen. Nur wenige Tage dauerte es dann noch, bis der Krieg ausbrach ... Hier eine Aufnahme des Flottenflaggschiffes *Friedrich der Große,* zusammen mit anderen Einheiten (im Hintergrund links) in einem norwegischen Fjord. (BfZ)

▽

Markante Silhouette

Die Linienschiffe der *Kaiser*-Klasse gaben wegen ihrer weit auseinanderstehenden Schornsteine und Masten ein charakteristisches, durchaus nicht unschönes Bild ab. Dies wurde vor allem dadurch bewirkt, weil Schornsteine, Masten und dazugehörende Ladebäume fast völlig gleich gestaltet waren. Aus großer Entfernung beobachtet, waren eigentlich nur die beiden überhöht angeordneten achteren Türme ein Merkmal zur Bestimmung von vorn und achtern. Hier die *Kaiserin,* aufgenommen am 4. Mai 1914. (BfZ)

Das Flottenflaggschiff

Friedrich der Große war seit seiner Indienststellung Flottenflaggschiff. Als einzige Vertreterin ihrer Klasse führte sie die an beiden Enden gespreizten Signalrahen an den Masten. 1913/14 gab es noch ein auffallendes Merkmal: Die im Vergleich zu den übrigen Schiffen der *Kaiser*-Klasse viel größere achtere Brücke, die als Signal- und Paradebrücke diente. Hier ist *Friedrich der Große* anläßlich einer Parade zu sehen, die am 4. Juli 1913 im Kieler Hafen stattfand.

(BfZ)

König Albert: Am Skagerrak nicht dabei

König Albert war das einzige deutsche Großkampfschiff, das nicht an der Skagerrakschlacht teilnahm, weil es kurz zuvor eine Kondensatoren-Havarie erlitten hatte. Erbaut worden war sie auf der Schichau-Werft in Danzig, wo diese Aufnahme entstand, als sie sich gerade in einem Schwimmdock befand. Gut erkennbar ist hier die Seitenpanzerung im Bereich des Vorschiffes. Auf die 8,8-cm-Geschütze — von denen hier die steuerbordvorderen zu sehen sind — wurde später verzichtet; ihre Nischen sind dann geschlossen worden. (BfZ)

Seydlitz: Kampferprobter Recke

Der Große Kreuzer *Seydlitz* war eine verbesserte Ausgabe der *Moltke*-Klasse. Bei unveränderter Bewaffnung einschließlich ihrer Anordnung war die Geschwindigkeit um einen Knoten erhöht worden. Weit wichtiger noch als dies war jedoch die bedeutend vergrößerte Standfestigkeit. Wie richtig diese Maßnahme war, hat sich dann im Kriege gezeigt. Was die *Seydlitz* von ihren Vorgängern weiterhin unterschied, war das um ein Deck erhöhte Vorschiff, wodurch die See-Eigenschaften verbessert wurden. Gleichzeitig ist auch der Abstand des vorderen schweren Turmes zum Vorsteven vergrößert worden, weil es gelang, die Endtürme in einem breiteren und damit wirksameren Bereich des Schutzgürtels unterzubringen. Betrug bei der *Moltke*-Klasse dieser Abstand noch 42 m, so stieg er bei *Seydlitz* auf 46 m an. Hier eine Aufnahme aus der Friedenszeit, und zwar vom 4. Juli 1913. (BfZ)

Die Skagerrakschlacht wurde für *Seydlitz* zu einem Inferno: 21 schwere und zwei mittlere Artillerietreffer mußte sie einstecken, dazu einen Torpedotreffer. Über und über brennend, mit 98 Toten an Bord und mehr als 5000 t Wasser im Schiff, mühsam rückwärtsfahrend (weil das Vorschiff schon zu tief gefallen war), erreichte sie mit eigener Kraft die Heimat. Gemessen an den Verheerungen im Schiff war es eine respektable Leistung ihrer Besatzung, das Schiff zu halten und zurückzubringen. Die Aufnahme der nächsten Seite zeigt *Seydlitz* kurz nach dem Einlaufen in Wilhelmshaven in der 3. Einfahrt mit dem tief im Wasser liegenden Vorschiff. Zur Gewichtserleichterung sind u. a. die 28-cm-Rohre des vorderen Turmes abgenommen. Das untere Bild auf dieser Seite ist am 13. Juni 1916 aufgenommen worden; hier wird die *Seydlitz* aus der Schleusenkammer der 3. Einfahrt — wo sie zunächst abgedichtet und geleichtert worden war — in ein Schwimmdock verholt. (BfZ)

Doggerbank: Erster Schlagabtausch

Erstmals standen sich deutsche und britische Großkampfschiffe am 24. Januar 1915 gegenüber. Zu diesem Gefecht kam es, als deutsche Aufklärungsstreitkräfte mit den Großen Kreuzern *Derfflinger, Seydlitz, Moltke* und *Blücher* als Kern bei dem Versuch, die auf der Doggerbank wiederholt festgestellten gegnerischen leichten Streitkräfte und die im Vorpostendienst eingesetzten Fischereifahrzeuge zu vertreiben, auf einen britischen Verband stießen, der aus fünf Schlachtkreuzern und Kleinen Kreuzern und Zerstörern als Sicherung bestand. Dabei schossen sich die britischen Schiffe auf das deutsche Schlußschiff, *Blücher,* ein und erzielten einige Treffer, die seine Geschwindigkeit erheblich herabsetzten. Dadurch ist *Blücher* von seinem Verband getrennt worden und sank schließlich im konzentrierten feindlichen Feuer. Aber auch *Seydlitz* trug schwere Schäden davon, ebenso die britische *Lion.* Diese Skizze macht die Lage auf beiden Seiten zum Höhepunkt des Gefechts deutlich. (Zeichnung: Verfasser)

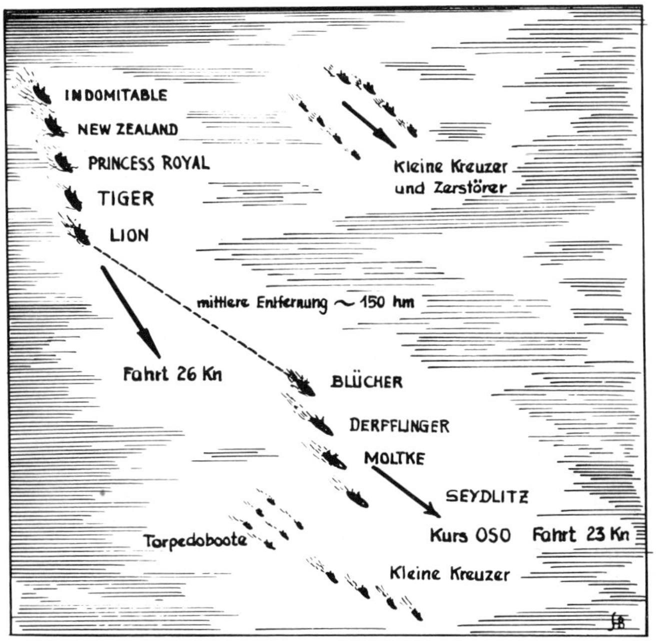

Mit der *König*-Klasse ging die deutsche Marine noch einen Schritt weiter: Diese Einheiten erhielten zwar ebenfalls fünf schwere Türme, aber die seitlichen Positionen im Mittelschiff wurden von da ab aufgegeben. Statt dessen hat man alle Türme in der Schifflängsachse angeordnet, im Mittelschiff nur einen einzigen, dafür aber jetzt vorn und achtern je zwei in überhöhter Gruppierung. Dieses Bild zeigt die *Markgraf,* vorn schon mit dem Röhrenmast, der erst 1917 eingebaut wurde und den bisherigen einfachen Pfahlmast ersetzte. (BfZ)

Großer Kurfürst: Oft genug blessiert

Einen Tag vor Ausbruch des ersten Weltkrieges wurde das Linienschiff *Großer Kurfürst* fertig, das hier gerade seine Werft — AG „Vulcan“ in Hamburg (die späteren Howaldtswerke) — verläßt, deren Großhelgen-Anlage links im Hintergrund gut zu sehen ist. Den Krieg überstand dieses Schiff nicht unangefochten: In der Skagerrakschlacht erhielt es acht Treffer, am 5. November 1916 mußte es vom britischen U-Boot *J 1* einen Torpedotreffer einstecken, am 5. Februar 1917 kollidierte es mit seinem Schwesterschiff *Kronprinz,* und im Oktober 1917 lief es auf eine Mine, die ebenfalls beträchtliche Schäden anrichtete. (BfZ)

Namensänderung auf „Allerhöchsten Befehl"

Das vierte Schiff der *König*-Klasse führte ursprünglich wie seine Schwesterschiffe einen personenneutralen Namen, nämlich *Kronprinz*. Am 27. Januar 1918, dem 59. Geburtstag Kaiser Wilhelms II., wurde ihm der Name des Thronfolgers angehängt. Fortan hieß das Schiff *Kronprinz Wilhelm*. In der Skagerrakschlacht blieb es als einziges Schiff seiner Klasse unbeschädigt. Diese Aufnahme zeigt noch die *Kronprinz,* und zwar etwa 1915 an der Ankerboje im Kieler Hafen liegend. Zu dieser Zeit führte das Schiff vorn schon den Röhrenmast mit dem E-Meß-Fleckerstand; letzterer ist 1918 nochmals geringfügig geändert worden.

Zerschossen, aber nicht zerstört

Großer Kurfürst und *Markgraf* trugen in der Skagerrakschlacht durch Artillerietreffer erhebliche Schäden davon und fielen für die nächsten Wochen aus. Bei *Großer Kurfürst* waren es acht, bei *Markgraf* fünf Treffer. Beide Schiffe sind von der AG „Vulcan“ in Hamburg repariert worden und konnten in der zweiten Julihälfte des Jahres 1916 wieder einsatzbereit gemeldet werden. Die Personalverluste der zwei Schiffe hatten sich zum Glück in engen Grenzen gehalten, auf *Großer Kurfürst* gab es fünfzehn, auf *Markgraf* nur elf Tote. Das obere Bild zeigt die Wirkung eines Kurzschusses auf *Großer Kurfürst,* die hier im Dock liegend aufgenommen ist. Eine Granate war dicht vor dem Seitenpanzer detoniert und verursachte nur äußerliche Schäden. *Markgraf* erhielt, wie die nebenstehende Abbildung erkennen läßt, u. a. diesen Treffer, der im Brückenbereich in den Fuß des Schornsteines einschlug, wo er jedoch nur lokale Schäden verursachte. (BfZ)

Erst mit der *Derfflinger*-Klasse ging die deutsche Marine bei ihren „Großen Kreuzern" zum 30,5-cm-Kaliber über und zugleich zu einer anderen Aufstellung von Schwerer Artillerie und Mittelartillerie: Man entschied sich für nur noch acht Rohre in vier Zwillingstürmen, die zu je zweien vorn und achtern (die inneren auf erhöhten Positionen) aufgestellt wurden; die typische Aufstellung der Mittelartillerie in Kasematten wurde zwar beibehalten, aber nicht mehr im Batteriedeck, wie seither üblich, sondern erstmalig an Oberdeck. Jenen Fortschritt verdeutlicht dieses kurz vor Kriegsbeginn aufgenommene Bild der *Derfflinger,* das sie in der Endausrüstung bei Blohm & Voß, Hamburg, zeigt.

(BfZ)

Von den sieben Schlachtkreuzern, über die die Kaiserliche Marine verfügte, waren fünf von Blohm & Voß in Hamburg gebaut worden. Der letzte war *Derfflinger,* der hier gerade die Werft verläßt. Nach der Skagerrakschlacht erhielt dieses Schiff an Stelle des vorderen Pfahlmastes einen sehr breitspurigen Dreibeinmast. Alle deutschen Großkampfschiffe ab *Helgoland*-Klasse führten an der Backbordseite zwei, an der Steuerbordseite nur einen Buganker, wie hier gut erkennbar ist. Links im Hintergrund das große Hellinggerüst von Blohm & Voß, das im Zuge der nach 1945 erfolgten Demontage gesprengt wurde. Heute werden die erhalten gebliebenen Hellinge von sehr viel leistungsfähigeren Kranen bedient.

(Archiv Blohm & Voß)

Anläßlich ihrer Probefahrten erlitt die *Lützow* eine schwere Turbinenhavarie und wurde deshalb — obgleich bereits seit August 1915 im Dienst — erst im Frühjahr 1916 voll einsatzbereit. Das einzige Vor-Skagerrak-Unternehmen, an dem sie teilnahm, war daher die Beschießung von Yarmouth und Lowestoft im April 1916. Von *Derfflinger* unterschied sich die *Lützow* vor allem durch die Schornsteine: Diese waren zum einen gleich hoch und zum anderen unterschiedlich hoch ummantelt, der vordere ganz, der hintere nur halb. (BfZ)

Lützow, der einzige im Krieg verlorengegangene Schlachtkreuzer der Kaiserlichen Marine. Diesem Schiff ist nach zahlreichen Treffern das Vollaufen des Torpedobreitseitraumes zum Verhängnis geworden. Dadurch wurde das Vorschiff überflutet, so daß schließlich eine derartige Vertrimmung eintrat, daß die Schrauben aus dem Wasser schlugen. Die Auftriebsreserven waren damit aber noch keineswegs verbraucht. Nach Meinung vieler Fachleute hätte die *Lützow* noch durchaus gehalten werden können. Die Beurteilung der herrschenden Lage gab jedoch den Ausschlag, den Befehl zur Selbstversenkung zu erteilen. (BfZ)

Skagerak, größte Seeschlacht der Weltgeschichte

Die Skagerrakschlacht war die größte Seeschlacht der Weltgeschichte, denn weder zuvor noch danach — auch nicht im Zweiten Weltkrieg — hat es eine derartige Machtzusammenballung auf See gegeben. Am 31. Mai 1916 stieß die nördlichen Kurs steuernde deutsche Hochseeflotte — bestehend aus 16 Großkampf- und 6 älteren Linienschiffen, 5 Schlachtkreuzern, 11 Kleinen Kreuzern und 61 Torpedobooten — vor dem Skagerrak auf die von Westen anmarschierende, weit überlegene britische Grand Fleet, bestehend aus 28 Großkampf-Linienschiffen, 9 Schlachtkreuzern, 8 Panzerkreuzern, 26 Kleinen Kreuzern, 77 Zerstörern und 3 Hilfsschiffen. Es kam zunächst zu einem erbitterten Gefecht der beiderseitigen Schlachtkreuzer. Unterdessen war das deutsche Gros heran, das schließlich auf die britische Schlachtflotte stieß. Zwar bewiesen die Deutschen ihr Können und ihre Kampfkraft, aber die seestrategische Lage vermochten sie nicht zu ändern, auch wenn sie den Engländern die schwereren Verluste beibrachten. Die Seeherrschaft Großbritanniens blieb ungebrochen, die deutsche Flotte in ihrem Wirken auf das „nasse Dreieck" beschränkt.

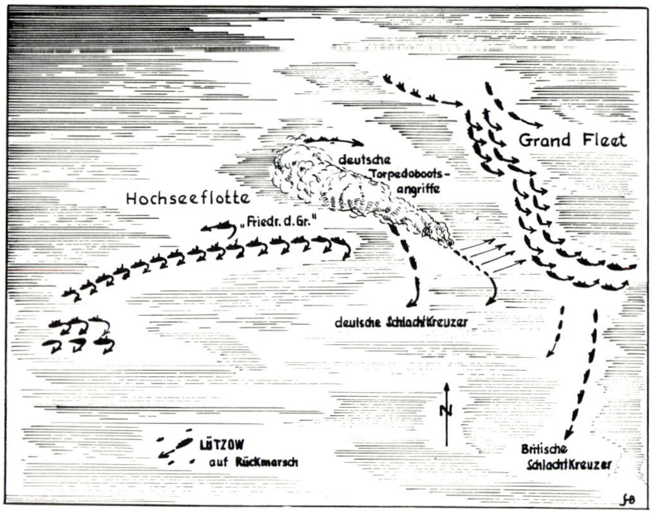

Diese Skizze vermittelt die Situation in den Abendstunden des 31. Mai 1916: Die britische Schlachtflotte hatte um 19.12 Uhr das Feuer eröffnet, das von dem deutschen Gros erwidert wurde. Diese Phase endete um 19.18 Uhr mit der berühmt gewordenen Gefechtskehrtwendung des deutschen Gros und dem Abdrehen der britischen Schlachtflotte, um den Torpedoboot-Angriffen zu entgehen. Um 19.55 Uhr geht das deutsche Gros erneut auf Gegenkurs, und um 20.13 Uhr befiehlt der deutsche Flottenchef: „Schlachtkreuzer ran an den Feind, voll einsetzen!" Trotz ihrer teils erheblichen Beschädigungen stoßen die deutschen Schlachtkreuzer gegen die in weitem Bogen vor ihnen liegende britische Schlachtflotte vor, und gleichzeitig greifen die deutschen Torpedoboote erneut an, um die schweren Einheiten zu entlasten. Hierauf drehen die Engländer erneut ab, und um 20.16 Uhr geht das deutsche Gros wiederum auf Gegenkurs und löst sich damit vom Feind. Damit geht der Gefechtskontakt beider Flotten verloren. Die schwer beschädigte *Lützow* befindet sich seit 19.47 Uhr auf dem Rückmarsch und wird bald darauf selbstversenkt. (Zeichnung: Verfasser)

Die Linienschiffe *Bayern* (Bild) und *Baden* erhielten ihren achteren Mast erst 1917. Zuvor führten sie dort nur zwei Antennenspreizen und dazwischen eine Flaggengaffel. Zum Zeitpunkt dieser Aufnahme waren auch erst zwei 8,8-cm-Flak an Bord, die vorgesehenen acht Geschütze dieses Kalibers wurden auf keinem Schiff mehr eingebaut. Diese Klasse machte überaus deutlich, daß das Schlachtschiff als Kriegsschifftyp seine Vollkommenheit erreicht hatte. Was in den zwei Jahrzehnten danach noch verbessert werden konnte, waren eigentlich nur Einzelbereiche, nicht aber die Gestaltung des Schiffstyps selbst. (BfZ)

▷

So sah der Große Kreuzer *Derfflinger* am 2. Juni 1916 aus, nachdem er in der Kaiserlichen Werft Wilhelmshaven zur vorläufigen Ausbesserung seiner bei der Skagerrakschlacht erlittenen Schäden eingetroffen war. Die *Derfflinger* war eines der vier am stärksten mitgenommenen deutschen Großkampfschiffe: 17 schwere und vier mittlere Artillerietreffer mußte sie einstecken, rund 3000 t Wasser waren in das Schiff eingedrungen, und unter der Besatzung hatte es 157 Tote gegeben. Mitte Oktober 1916 war das Schiff wieder einsatzbereit, nachdem es nach Kiel verlegt hatte, wo seine endgültige Reparatur durch die Howaldtswerke erfolgt war. (BfZ)

Bayern-Klasse: Die stärksten Großkampfschiffe der Kaiserlichen Marine

Mit der *Bayern*-Klasse stellte die Kaiserliche Marine ihre stärksten Linienschiffe in Dienst. Bei ihnen war man — dem britischen Vorgehen folgend — zum 38-cm-Kaliber übergegangen und zugleich zu einer abermaligen Reduzierung der Rohrzahl: Der Trend bewegte sich damit von den zwölf Rohren der *Nassau*- und *Helgoland*-Klasse über die zehn Rohre der *Kaiser*- und der *König*-Klasse zu den nunmehr acht Rohren dieser Klasse und damit zu dem günstigsten Aufstellungsschema, der überhöhten Endaufstellung in je zwei Türmen vorn und achtern. Das wiederum gestattete einerseits eine Einschränkung der Zitadelle und andererseits größere Panzerdicken. Als erstes Schiff dieser Klasse wurde die *Bayern* fertig, die hier, im Kriegsjahr 1917, in Wilhelmshaven zu sehen ist. Im Hintergrund die Kaiser-Wilhelm-Brücke. (BfZ)

Die Linienschiffe der *Bayern*-Klasse waren die ersten der deutschen Marine, die von Anbeginn an einen Dreibeinmast führten. Wie dieser gerade eingesetzt wird, zeigt dieses im Laufe des Jahres 1915 bei den Howaldtswerken in Kiel aufgenommene Bild der *Bayern*. (BfZ) ▷

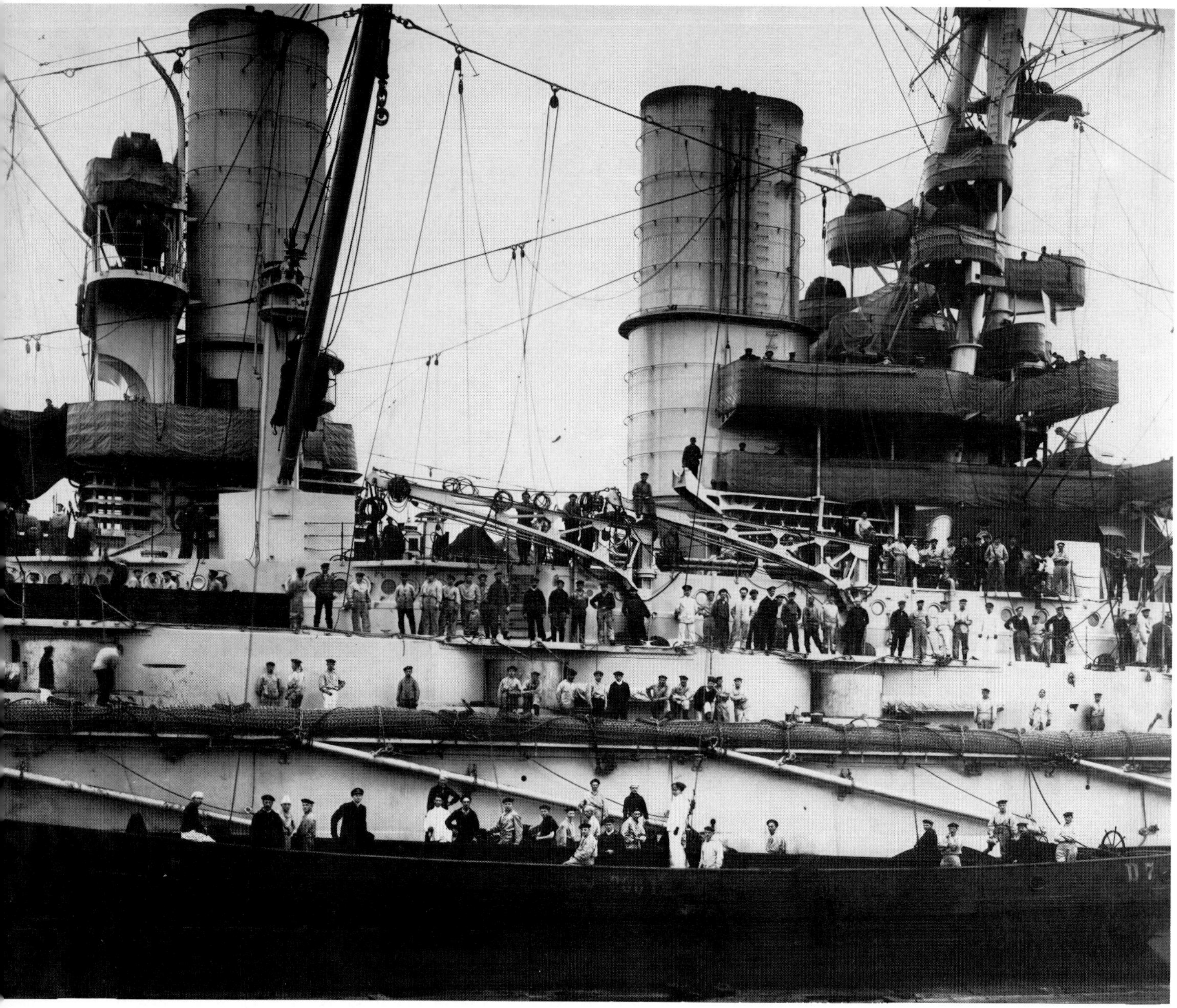

Letztes Flottenflaggschiff der Kaiserlichen Marine wurde die *Baden,* die im Oktober 1915 auf der Ferdinand-Schichau-Werft in Danzig vom Stapel gelaufen war und ein Jahr später zur Flotte trat. Im März 1917 setzte auf ihr der Flottenchef erstmals seine Flagge. Hier ein Blick auf ihr Mittelschiff kurz nach der Indienststellung. Die Torpedonetze wurden schon bald wieder von Bord gegeben. Gut erkennbar ist auch die neue Anlage zum Ein- und Aussetzen der Beiboote. Die Davits an den Scheinwerfer-Plattformen vorn und achtern dienten dazu, die Scheinwerfer vor Gefechtsbeginn — außer bei Nachtgefechten selbstverständlich — abzufieren und unter Deck zu verstauen. (BfZ)

Das dritte Schiff der *Bayern*-Klasse, die Sachsen, wurde von der Friedrich-Krupp-Germania-Werft, Kiel, erbaut und kam im November 1916 zu Wasser. Fertig geworden ist die *Sachsen* jedoch nicht mehr; 1921 wurde sie an der Arsenalmole in Kiel abgewrackt. Im Gegensatz zu ihren Schwesterschiffen hatte sie eine um 3 m größere Länge über alles, und ihre Schornsteine waren 4 m höher. Diese Aufnahme entstand 1919 in Kiel und zeigt den Zustand, der bei der Einstellung der Bauarbeiten erreicht war. Was auf dem Vorschiff wie zwei Baracken anmutet, sind die vorderen Türme, deren Decken noch nicht montiert waren. Um das Eindringen von Wasser und Feuchtigkeit zu verhindern, hatte man sie provisorisch mit Holzdächern abgedeckt. Die für sie und ihr Schwesterschiff *Württemberg* bestimmten 38-cm-Geschütze wurden an der Westfront verwendet. (Archiv Breyer)

Als am 2. Oktober 1913 der Große Kreuzer „Ersatz Hertha" auf Kiel gelegt wurde, war noch nicht abzusehen, daß dieser einmal den Namen eines dazumal noch kaum bekannten, seit 1911 im Ruhestand lebenden und an diesem Tage 66 Jahre alt gewordenen Heeresgenerals tragen würde: den Namen des späteren Generalfeldmarschalls Paul von Hindenburg (1847—1934).
Kurz nach Ausbruch des Krieges reaktiviert, bezwang dieser schon bald darauf bei Tannenberg die nach Ostpreußen eingedrungenen Russen und erfocht über sie weitere Siege in Polen, Masuren und Litauen. Dadurch wurde er der volkstümlichste deutsche Heerführer des Ersten Weltkrieges. In Anerkennung seiner Verdienste erhielt dieser neue Schlachtkreuzer den Namen *Hindenburg,* als er am 1. August 1915 zu Wasser kam. Dieses am 14. Juli 1917 aufgenommene Bild zeigt ihn wenige Wochen nach seiner Indienststellung.

(BfZ)

Mit Recht galten die Großen Kreuzer ab *Derfflinger* als besonders schöne Schiffe. Dies wurde besonders dann deutlich, wenn man sie — wie hier die *Hindenburg* — genau von querab zu sehen bekam: Mit ihrer langen Back und dem ebenso langen Achterschiff, den kantigen Türmen, den harmonisch gestalteten Schornsteinen und dem wuchtigen Dreibeinmast (den *Lützow* allerdings nicht mehr erhalten hatte) boten sie einen geradezu ästhetischen Anblick.

(BfZ)

Nur gegen Scheiben schoß die Artillerie des Schlachtkreuzers *Hindenburg*. Nie hatte sie Gelegenheit, auf feindliche Ziele zu feuern, obwohl sie noch an zwei Vorstößen (November 1917 und April 1918) teilnahm. Diese Aufnahme ist bei einem gefechtsmäßigen Artillerieschießen entstanden: Schwarzqualmend und mit hoher Fahrt läuft die *Hindenburg* hier an. Wenige Monate später sank sie in der Bucht von Scapa Flow. (BfZ)

Am 21. April 1917 lief bei Blohm & Voß der Schlachtkreuzer *Mackensen* vom Stapel. Nach dem ursprünglichen Terminplan hätte das Schiff schon ein Jahr früher zu Wasser kommen sollen. Diese Aufnahme zeigt, daß 1917, im vierten Kriegsjahr, der Stapellauf selbst eines so großen Schiffes nicht mehr unter dem sonst üblichen Gepränge stattfinden konnte. Keine Girlanden, kein repräsentativer Farbanstrich, nicht einmal ein Namensschild, ja selbst der Flaggenschmuck fehlt. Hier wird die Bugkonstruktion gut sichtbar: Ganz unten ist der Vorsteven schräg nach hinten weggezogen, und hier ist die Öffnung für das Unterwasser-Bugtorpedorohr zu erkennen. (Foto: Drüppel)

Nur ältere Marinefreunde werden sich noch dieses Modells erinnern, das einstmals im Museum für Meereskunde in Berlin gestanden hatte. Es handelt sich um den nicht mehr fertig gewordenen Großen Kreuzer *Mackensen* aus dem ersten Weltkrieg.

(Archiv Breyer)

Scapa Flow: Grab der deutschen Flotte

Die Bucht von Scapa Flow wurde zum Grab der deutschen Hochseeflotte. Auf Grund des Waffenstillstandsvertrages war sie zu internieren und hierzu in einen neutralen Hafen — und falls sich ein solcher nicht finden sollte in einen alliierten Hafen — zu überführen. Dies ist im November 1918 geschehen, aber als Internierungsort wurde kein neutraler Hafen angewiesen, sondern die Bucht von Scapa Flow, der Liegeplatz der britischen Flotte. Vizeadmiral von Reuter, der Chef des Internierungsverbandes, gab nach monatelangem Warten auf Grund der immer undurchsichtiger werdenden Lage den Befehl zur Selbstversenkung aller Schiffe, der am 21. Juni 1919 vollzogen wurde. Die einstmals gefürchtete deutsche Hochseeflotte hatte damit zu existieren aufgehört. Jahrzehntelang hatten die Engländer dann mit der Bergung der Wracks zu tun. Das obere Bild zeigt das Linienschiff *Bayern* und links im Hintergrund den Kleinen Kreuzer *Emden,* aufgenommen etwa im Frühjahr 1919. Nächste Seite oben die in flachem Wasser gesunkene *Hindenburg.* (BfZ)

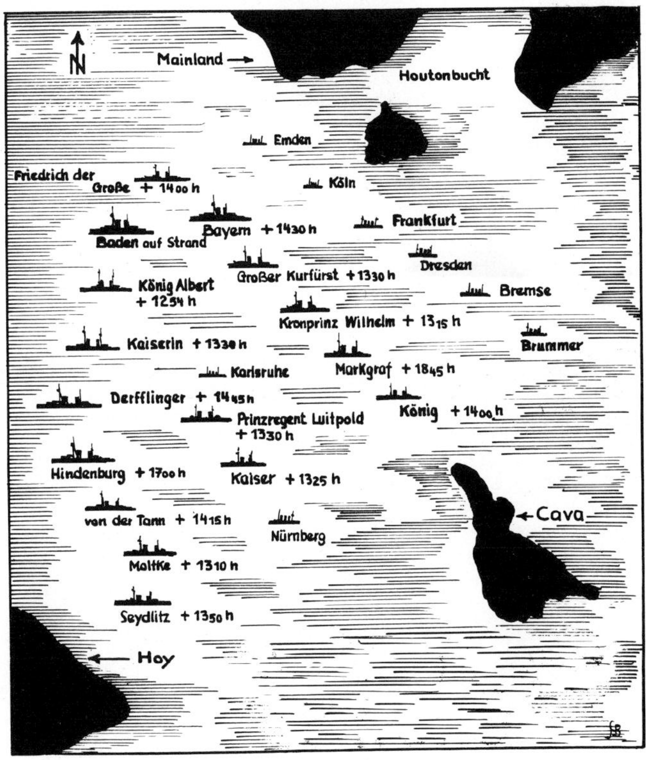

Die Liegeplätze der größeren Einheiten des deutschen Internierungsverbandes am 21. Juni 1919 in Scapa Flow (Torpedoboote sind hier unberücksichtigt geblieben). Die angegebenen Uhrzeiten hinter dem Kreuz besagen, wann das betreffende Schiff untergegangen ist.
(Zeichnung: Verfasser)

Erst verspottet, dann gefürchtet: Die „Westentaschen"-Schlachtschiffe

Das erste Panzerschiff — die spätere *Deutschland* und nachmalige *Lützow* — wurde, noch bevor es überhaupt zu existieren begonnen hatte, zu einem wahrhaft „politischen Schiff": Seinetwegen kam es im Reichstag zu erregten politischen Debatten und Szenen, die als die „Panzerkreuzer-Debatten" unlösbar mit der Geschichte der Weimarer Republik verbunden sind. Nachdem am 16. November 1928 die Entscheidung zugunsten ihres Baues gefallen war, konnte die Kiellegung wenige Monate später, im Februar 1929, erfolgen. Am 19. Mai 1931 lief das Schiff dann vom Stapel. Damals wurde im Ausland der Begriff „Pocket Battleship", also „Westentaschen-Schlachtschiff", geprägt, und das hatte seinen Grund: In der Tat waren die *Deutschland* und die ihr folgenden Einheiten so etwas wie „verhinderte Schlachtschiffe", worauf schon ihre schwere Bewaffnung hinwies, und mit ihrer Geschwindigkeit konnten sie sich durchaus mit Kreuzern messen. Ihre zum Zeitpunkt der Inbaugabe gültige Gesamtkonzeption ließ sich auf diesen Nenner bringen: Stärker als jeder Kreuzer und schneller als jedes Schlachtschiff, von je drei britischen und japanischen Ausnahmen abgesehen.

Dieses Bild zeigt, wie die *Deutschland* gerade ihre Helling verläßt. Ihr Achterschiff ist bereits aufgeschwommen.

(BfZ)

„Nomen est omen"?

Das Panzerschiff *Deutschland* wurde im November 1939 in *Lützow* umgetauft und seither als „Schwerer Kreuzer" bezeichnet. Offenbar fürchtete Hitler, daß ein etwaiger Verlust der *Deutschland* im Volk als schlechtes Omen für den Ausgang des Krieges gewertet werden könnte. Zugleich sollte dabei aber wohl auch der bevorstehende Verkauf des am 1. Juli 1939 vom Stapel gelaufenen und auf den Namen *Lützow* getauften Kreuzers *L* kaschiert werden, der den Sowjets zugebilligt worden war. Der Tag kam schnell, an dem die vormalige *Deutschland* beinahe verlorengegangen wäre: Auf dem Rückmarsch von Oslo erhielt sie am 11. April 1940 von dem britischen U-Boot *Spearfish* einen Torpedotreffer ins Achterschiff, und dieses knickte ab und machte sie fahr- und manövrierunfähig. Weil sich bei ihr keine Sicherungseinheiten befunden hatten, geriet sie in Gefahr, weitere Treffer zu erhalten, und diese hätten mit Sicherheit ihr Ende bedeutet. Das Glück war jedoch mit ihr: Ein rasch ausgesetztes Beiboot sicherte es bis zum Eintreffen von Sicherungseinheiten, und mit Schlepperhilfe konnte sie eingebracht werden. Diese Aufnahme wurde am 13. April 1940 — kurz vor dem Eindocken bei den Deutschen Werken in Kiel — gemacht und zeigt das abgeknickte, tief im Wasser liegende Achterschiff. Die Reparatur dauerte fast ein dreiviertel Jahr. Anfang 1941 wurde das Schiff wieder einsatzbereit.

(Archiv Breyer)

Dies war das Ende der *Lützow,* der einstigen *Deutschland:* Am 16. April 1945 wurde sie in der Kaiserfahrt (südlich Swinemünde) durch Naheinschläge von 5,45-Tonnen-Bomben schwer beschädigt und auf Grund gesetzt. Als feste Batterie griff sie mit ihrer noch verwendungsfähigen Artillerie mehrfach in die Abwehrkämpfe gegen die vordringende Rote Armee ein. Nachdem sie alle Munition verschossen hatte, gab ihr die Besatzung mit Sprengladungen den Rest. Im September 1947 haben die Sowjets dann das Wrack geborgen und schleppten es in östliche Richtung ab. Irgendwo dort ist es dann bis 1949 abgebrochen worden. Hier ein Blick auf die nach dem schweren Luftangriff vom 16. April 1945 weggesackte *Lützow.* (Foto: Drüppel)

Der 1. April 1933 stellte sich für die neue deutsche Marine als ein Tag von besonderer Bedeutung dar: Das erste Ereignis war die Indienststellung der *Deutschland,* des ersten Panzerschiffs, und das zweite der Stapellauf des zweiten Panzerschiffes, das dabei auf den Namen *Admiral Scheer* getauft wurde. Diese Aufnahme wurde am Vorabend des Stapellaufes fotografiert und zeigt das Panzerschiff auf Helling I der Marinewerft Wilhelmshaven klar zum Ablaufen. Das dritte Panzerschiff, die nachmalige *Admiral Graf Spee,* liegt indessen auf der benachbarten Helling II, wo ihr Kiel im Oktober 1932 gestreckt worden war. (BfZ)

Ursprünglich sah *Admiral Scheer* ihrem Schwesterschiff *Admiral Graf Spee* sehr ähnlich, doch wurde bei dem Umbau von Februar bis September 1940 ihr Aussehen eher an das von *Lützow* — der einstmaligen *Deutschland* — angeglichen, jedenfalls soweit es um die Änderung des Turmmastes ging. Bald nach diesem Umbau brach das Schiff in den Atlantik durch und führte Handelskrieg bis in den Indischen Ozean hinein. Am 1. April 1941 kehrte sie wohlbehalten in die Heimat zurück, nachdem der Gegner durch sie 17 Schiffe mit über 100 000 BRT verloren hatte. Im Frühjahr 1942 verlegte sie nach Norwegen und nahm dort an verschiedenen Operationen teil, die sie bis in die Karasee führte. Im Herbst 1942 ist diese Aufnahme entstanden; sie zeigt das Schiff beim Verlassen eines Fjords. Den Tarnanstrich führte es später nicht mehr. (BfZ)

Am 9. April 1945 schlug auch für *Admiral Scheer* die Schicksalsstunde: Im Ausrüstungsbecken der Deutschen Werke in Kiel liegend erhielt sie bei einem Angriff britischer Flugzeuge fünf Bombentreffer und kenterte an der Pier. Hier zeigt die Aufnahme, wie die britischen Truppen das Wrack bei ihrem Einmarsch in Kiel vorgefunden haben. Im Vordergrund zwei Bugsektionen für Typ-XXI-U-Boote. Teile von *Admiral Scheer* wurden bis 1948 an Ort und Stelle abgebrochen. Was übrig blieb, ist dann unter Trümmerschutt begraben worden, mit dem das gesamte Ausrüstungsbecken zugeschüttet wurde. Heute erinnert nichts mehr an das Grab dieses Schiffes. (Foto: Drüppel)

Ohne Fortune: *Admiral Graf Spee*

Obwohl nach dem gleichen Generalentwurf gebaut, bot sich das dritte Panzerschiff, *Admiral Graf Spee,* äußerlich wesentlich anders dar als das Klassenschiff *Deutschland.* Bewirkt wurde das vor allem durch den eigenwilligen Turmmast, den auch *Admiral Scheer,* das zweite Schiff dieser Klasse, erhalten hatte. Das Deckshaus zwischen Schornstein und Katapult — in ihm war die Brotbäckerei untergebracht — führte das Schiff nur zu Anfang seiner Laufbahn. Diese Aufnahme entstand vermutlich im Winter 1937/38. Das vereiste Vorschiff läßt die Kältegrade ahnen, die um diese Zeit geherrscht haben mögen. Hier wird auch deutlich, daß das Schiff gegen die See angehend viel Wasser übernommen haben muß. Gleichwohl erwiesen sich *Admiral Graf Spee* und ihre beiden Schwesterschiffe als recht gute Seeschiffe.

(BfZ)

Friedlich vereint: Panzerschiff *Admiral Graf Spee* und die britischen Großkampfschiffe *Resolution* und *Hood,* aufgenommen anläßlich der Flottenschau auf Spithead Reede zur Krönung von König Georg VI. im Juni 1937. Noch ist es zu dieser Zeit nicht abzusehen, daß nur wenig mehr als zwei Jahre verstreichen werden, bis ein neuer Krieg über die beiden Völker hereinbricht.

(Archiv Breyer)

Panne beim Stapellauf

Der Öffentlichkeit kaum bekannt wurde der etwas verunglückte Stapellauf des Schlachtschiffes *Gneisenau* am 8. Dezember 1936. Infolge unzureichenden Abbremsens stieß sie mit ihrem Achtersteven gegen das benachbarte Hindenburgufer. Die Schäden konnten freilich sehr schnell behoben werden. Mit welcher Wucht sich der Achtersteven in das Ufer gebohrt hatte, wird auf diesem Bild sichtbar. (BfZ)

Schönheit der Technik

Auch Technik kann Schönheit ausstrahlen, so möchte man beim Anblick dieses Bildes sagen. Zu sehen ist hier der Schornstein des Schlachtschiffes *Scharnhorst* mit dem um ihn herumgebauten Plattformkranz, der für die großen deutschen Kriegsschiffe jener Zeit charakteristisch geworden war. Auf diesem Plattformkranz ist einer der beiden Scheinwerfer — durch eine Persenning abgedeckt — zu sehen. Links im Bild der vordere Backbord-Bootskran. Im Vordergrund ein 15-cm-Geschütz in Einzellafette, darüber eine 10,5-cm-Doppelflak und im Hintergrund eines der vier Fla-Waffenleitgeräte, welche im Bordjargon oft „Wackeltöpfe" genannt wurden, weil sie durch dreiachsige Stabilisierung zu entsprechenden Bewegungen fähig waren. Dieses Bild wurde noch vor dem Umbau der *Scharnhorst* fotografiert, da der Großmast noch dicht hinter dem Schornstein steht. (BfZ)

„Ästhetik" im Kriegsschiffbau

Als ein Kriegsschiff mit ganz besonders harmonischer Linienführung bot sich die *Scharnhorst* dar, schon als sie fertiggestellt wurde und noch die ursprüngliche Vorstevenform und den Großmast dicht hinter dem oben noch waagerecht abschneidenden Schornstein hatte. Dies macht das obere Bild deutlich, das im April 1939 fotografiert wurde. Noch mehr bestärkt wurde dieser Eindruck, als die *Scharnhorst* einige Monate später die Kriegsmarinewerft Wilhelmshaven verließ, wo sie umgebaut worden war. Jetzt wirkte sie mit ihrem Atlantikbug, der Schrägkappe auf dem Schornstein und dem am Ende der Aufbauten stehenden Großmast noch harmonischer. Wie die *Scharnhorst* nach diesem Umbau ausgesehen hat, zeigt die untere, am 6. April 1940 aufgenommene Abbildung eines Werftmodells.

(Archiv Breyer)

Erfolgreich im Atlantik

In der Zeit vom 22. Januar bis zum 23. März 1941 führten die Schlachtschiffe *Scharnhorst* und *Gneisenau* im Atlantik erfolgreich Handelskrieg. Ihr gemeinsamer Erfolg: 22 Schiffe mit über 115 000 BRT. Im Verlaufe ihrer Unternehmung mußten sie dreimal britischen Schlachtschiffen ausweichen, um eine Gefechtsberührung zu vermeiden. In diesen 61 Tagen legten sie 17 800 sm zurück und liefen dann in dem französischen Atlantikhafen Brest ein, den sie erst im folgenden Jahr wieder verlassen konnten. Hier die *Gneisenau* kurz nach dem Einlaufen in Brest. Die vorgeheißten Flaggen künden von ihrem Erfolg. Im Vordergrund eine Gruppe japanischer Marineoffiziere als Gäste der deutschen Kriegsmarine.

(Archiv Breyer)

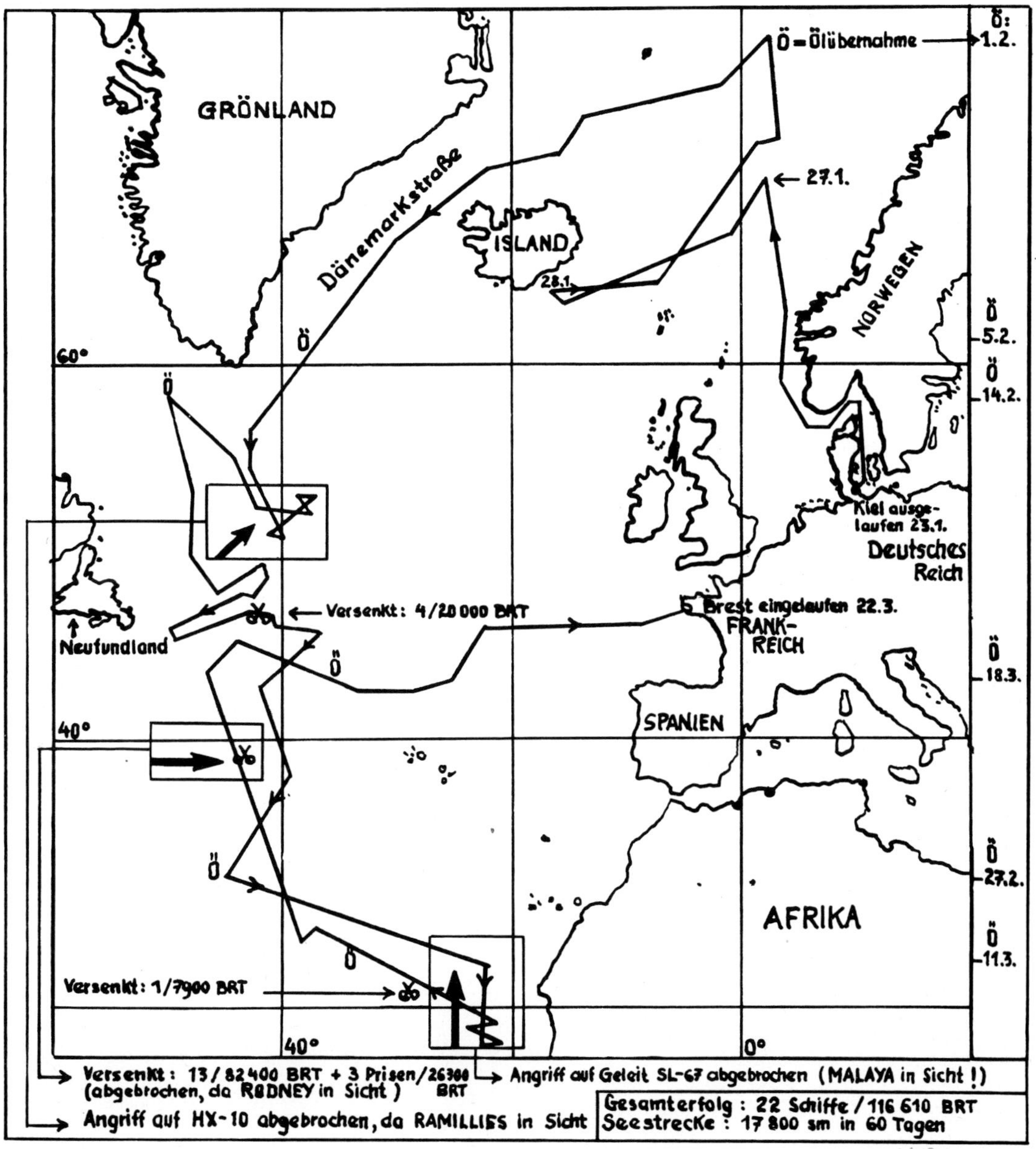

Im Zweiten Weltkrieg wurden Schlachtschiffe für Aufgaben eingesetzt, die bisher eigentlich Kreuzern vorbehalten waren. Auf deutscher Seite war es die Handelskriegführung, auf britischer Seite die Sicherung von Geleitzügen. So liefen im Januar 1941 die Schlachtschiffe *Scharnhorst* und *Gneisenau* aus Kiel aus und brachen durch die Dänemarkstraße in den Atlantik durch, wo sie gegen den feindlichen Geleitzugverkehr operierten. Dreimal mußten sie ihre Angriffe gegen solche Konvois abbrechen, weil jeweils britische Schlachtschiffe in Sicht kamen. Zum Glück handelte es sich um ältere, langsame Einheiten, denen die deutschen Schiffe dank ihrer höheren Geschwindigkeit rechtzeitig ausweichen konnten. Gleichwohl fügten sie dem Gegner empfindliche Tonnageverluste zu. Im März liefen sie in dem französischen Atlantikhafen Brest ein. Die Karte zeigt den Verlauf dieser als Unternehmen „Berlin“ bekanntgewordenen Operation.

(Zeichnung: Verfasser)

Unheilvolles Brest

Während der langen Liegezeit in Brest erhielt die *Gneisenau* bei Luftangriffen mehrmals Treffer. Nachdem durch einen von ihnen das bisherige Katapult zerstört worden war, erhielt das Schiff eine ganz neue Anlage, und zwar eine Flugzeughalle, innerhalb derer sich das Katapult befand, so daß die Bordflugzeuge aus der Halle heraus gestartet werden konnten. Mit dieser Anlage trat die *Gneisenau* dann im Februar 1942 den Rückmarsch in die Heimat an. Die Vorbereitungen zum Rückmarsch — wie das Übungsschießen der Artillerie und der Torpedowaffe — erledigten die Schiffe von ihren Liegeplätzen in Brest aus. Das Bild zeigt die *Gneisenau* beim Torpedoschießen. Ihre neue Bordfluganlage ist dabei einigermaßen erkennbar. Im Hintergrund links die *Scharnhorst*. (BfZ)

Schlag gegen britisches Prestige: Der Kanaldurchbruch

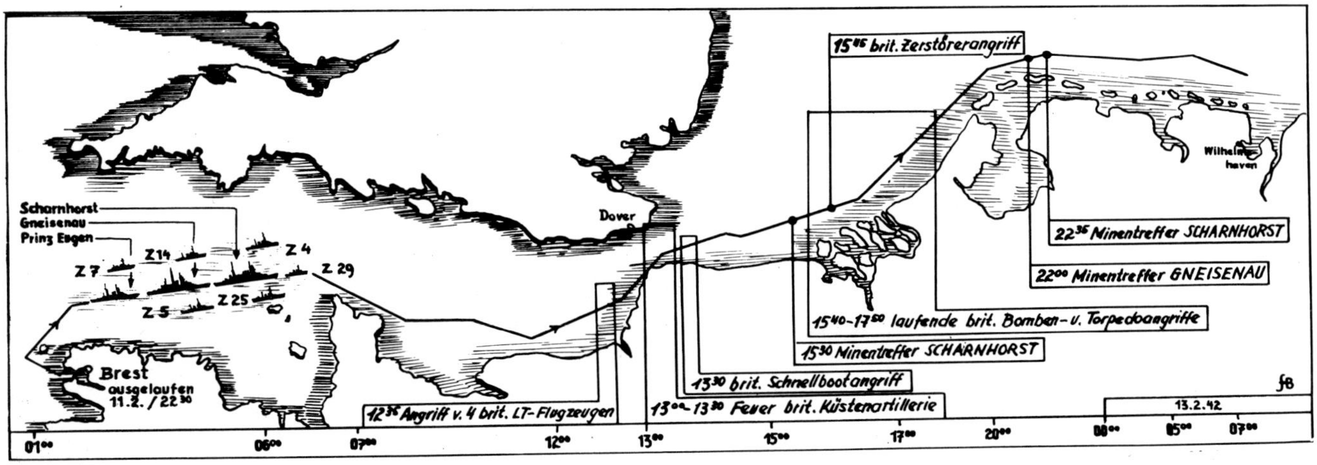

Da die schweren Einheiten wegen der immer heftiger werdenden Luftangriffe und der wiederholt auf ihnen erzielten Treffer auf die Dauer in Brest nicht mehr gehalten werden konnten, entschied Hitler, daß sie durch den Britischen Kanal in die Heimat zurückzuführen sind. Am 11. Februar 1942 begann diese Operation, die unter dem Decknamen „Cerberus“ bekannt wurde. Die einzelnen Stationen und Ereignisse dieses berühmt gewordenen „Kanaldurchbruchs“ verdeutlicht diese Karte.

(Zeichnung: Verfasser)

Nach dem Kanaldurchbruch lief *Scharnhorst* zunächst in Wilhelmshaven ein, doch verlegte sie schon gleich nach Kiel zu den Deutschen Werken, wo ihre Schäden behoben wurden. Von Oktober 1942 ab unternahm sie von Gotenhafen aus wieder Ausbildungs- und Übungsfahrten in die Ostsee. Dieses Bild wurde im Herbst 1942 in Gotenhafen aufgenommen: Hier liegt die *Scharnhorst* unter Dampf; ihr Bordflugzeug ist auf der Pier abgestellt. Deutlich erkennbar ist hier auch der Torpedo-Lagerkasten neben dem steuerbord-achteren 15-cm-Turm. Wenige Monate danach verlegte die *Scharnhorst* nach Nordnorwegen, von wo sie nicht mehr zurückkehren sollte. (BfZ)

Zweimal *Gneisenau* aus der Luft: Diese beiden Bilder wurden von britischen Aufklärungsflugzeugen geschossen und zeigen oben das Schiff im Schwimmdock der Deutschen Werke Kiel liegend, kurz nachdem es in der Nacht zum 27. Februar 1942 den verhängnisvollen Bombentreffer erhalten hatte, der das Vorschiff bis einschließlich der Munitionskammern unter den vorderen Türmen zerstörte. Wenige Wochen später, Anfang April, wurde das Schiff nach Gotenhafen geschleppt und dort am 1. Juli außer Dienst gestellt. Der damals beabsichtigte Umbau wurde nur noch vorbereitet, aber letztlich nicht mehr begonnen, da Hitler Anfang 1943 die Außerdienststellung aller schweren Einheiten befohlen hatte. Damit wurden die Pläne einer Wiederherstellung und des gleichzeitig damit verbundenen Umbaus gegenstandslos. Das untere Bild entstand im Sommer 1942 über Gotenhafen und zeigt die *Gneisenau* im Stadium der Umbauvorbereitung: Die schweren Türme sind bereits nicht mehr an Bord, darüber hinaus fehlt auch die gesamte Mittelartillerie, und selbst die Fla-Waffen sind ausgebaut worden. Zu dieser Zeit ist das Vorschiff noch nicht abgebrochen. ▷

(BfZ)

Das Desaster der *Gneisenau*

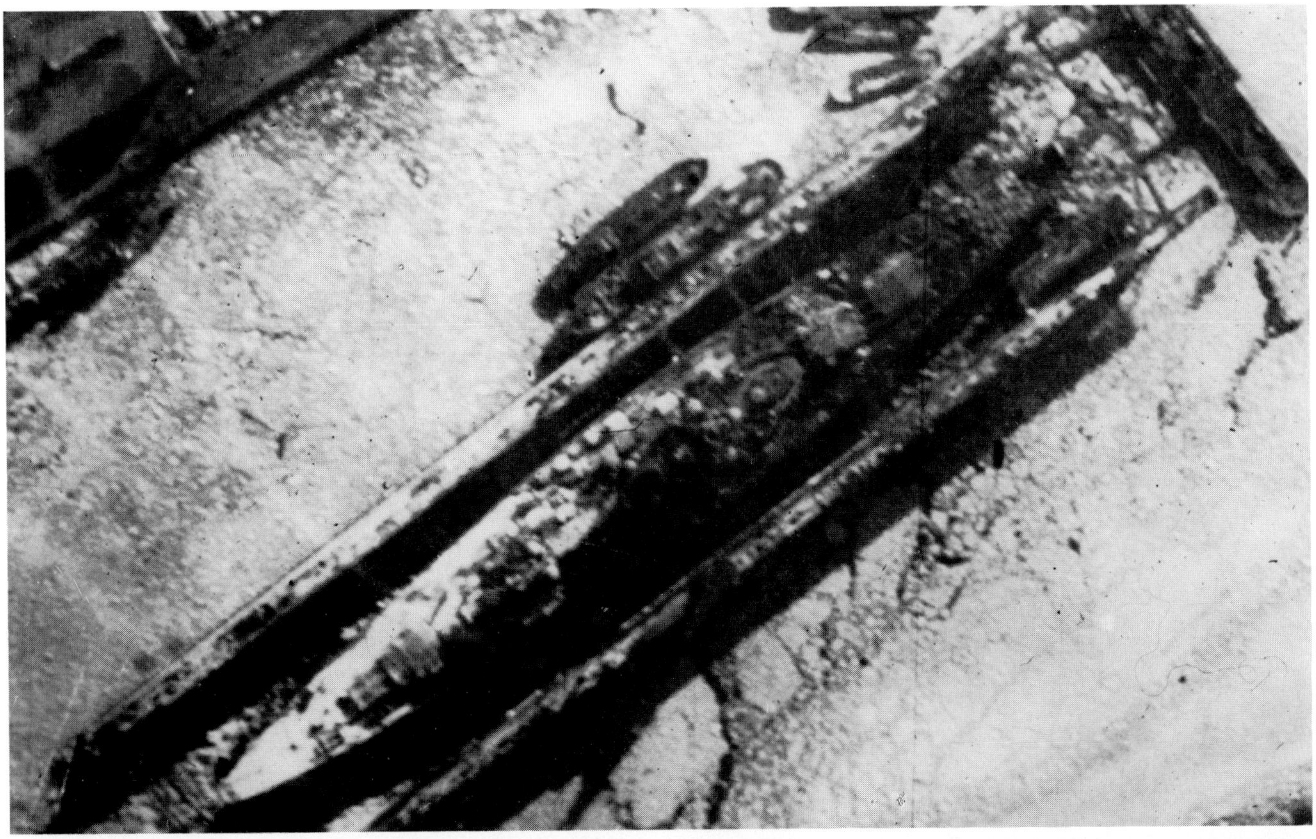

Im Zeichen des deutsch-britischen Flottenvertrages: Die *Bismarck*-Klasse

Die Helling II der marineeigenen Werft in Wilhelmshaven war deren größte. Auf ihr ist u. a. der Große Kreuzer *Hindenburg* gebaut worden, und in den 30er Jahren entstanden hier das Panzerschiff *Admiral Graf Spee* und danach das Schlachtschiff *Scharnhorst*. Vier Wochen nach dessen Stapellauf wurde dann die *Tirpitz* begonnen, die hier zu sehen ist. Aufgenommen wurde das Bild im Laufe des Jahres 1938. Das neue Schlachtschiff ist schon bis über das Panzerdeck hinaus fertig, und die Barbetten sind bereits montiert. Im Hintergrund links eines der alten Vor-Dreadnought-Linienschiffe, *Schlesien* oder *Schleswig-Holstein*.
(Archiv Breyer)

Hamburg, 14. Februar 1939: Bei strahlendem Wintersonnenschein läuft bei Blohm & Voß das Schlachtschiff *F* vom Stapel, soeben auf den Namen *Bismarck* getauft. Das erste vollwertige Schlachtschiff der neuen deutschen Kriegsmarine, offiziell mit 35 000 ts Standardverdrängung angegeben, in Wirklichkeit aber — wie es übrigens auch bei allen übrigen schlachtschiffbauenden Seemächten mehr oder weniger der Fall war — schwerer, nämlich rund 41 000 ts. Wenige Wochen später kam ihr Schwesterschiff *Tirpitz* zu Wasser. Hier hat die *Bismarck* noch den nahezu senkrecht abfallenden Vorsteven, der jedoch bald darauf — noch vor der Indienststellung — geändert wird.
(BfZ)

In den Vormittagsstunden des 1. April 1939 entstand diese Aufnahme. Sie zeigt das Schlachtschiff *G* klar zum Stapellauf. Die Vorhelling ist bereits geflutet, und die ersten Zuschauer haben sich eingefunden (es wurden dann 80 000!). Nicht mehr lange dauerte es zu diesem Zeitpunkt, bis Adolf Hitler mit großem Gefolge eintraf, und das Schiff — auf den Namen *Tirpitz* getauft — in sein Element gleitet. Und am späten Nachmittag wird Hitler auf dem Rathausplatz in Wilhelmshaven eine Rede vor einer begeisterten Menschenmenge halten, wobei er sich gegen die westliche „Einkreisungspolitik" wendet. Diese Replik ist besonders an die Adresse Englands gerichtet: 28 Tage später wird Hitler dann das wahr machen, was er auf dem Wilhelmshavener Rathausplatz angedeutet hatte: Er kündigt das deutsch-britische Flottenabkommen von 1935.
(BfZ)

Vom Stapellauf bis zur Indienststellung dauerte es nur rund 1½ Jahre, bis das Schlachtschiff *Bismarck* in Dienst gestellt werden konnte, eine Zeitspanne, deren ungewöhnliche Kürze nur durch die kriegsmäßige Anspannung aller Kräfte verständlich ist. Hier ist die *Bismarck* im Kriegswinter 1939/40 im Ausrüstungsbecken ihrer Bauwerft zu sehen, wo sie unter dem riesigen 250-Tonnen-Hammerkran liegt. Die schweren Türme sind bereits montiert, auch Schornstein und Mast hat man schon errichtet. Wie hart dieser erste Kriegswinter war, wird an der starken Eisbildung des Ausrüstungsbeckens deutlich.

(BfZ)

Nachdem die *Bismarck* am 18. Mai 1941 Gotenhafen verlassen hatte, lief sie am 21. Mai in den Korsfjord bei Bergen (Norwegen) ein, um vor Beginn des Unternehmens „Rheinübung“ noch einmal Brennstoff zu ergänzen. Noch in diesem Fjord ist sie von britischen Aufklärungsflugzeugen entdeckt worden. Gleichwohl gelang es ihr am Abend, unbemerkt auszulaufen. Drei Tage später explodiert in ihrem Feuer der britische Schlachtkreuzer *Hood* (damals das größte — nicht aber das stärkste — Kriegsschiff der Welt), und abermals drei Tage später ereilt sie selbst ihr Schicksal. Mehr als 3300 Männer — Deutsche und Engländer — fanden in jenen Tagen den Tod. Dieses Bild entstand kurz nach dem Einlaufen im Korsfjord. Als sie am Abend wieder auslief, hatte sie den Tarnanstrich nicht mehr.

(Archiv Breyer)

◁ Der 24. August 1940 bedeutete für Blohm & Voß den letzten Höhepunkt des Großschiffbaus im Kriege: An diesem Tage lief zuerst der HAPAG-Fahrgastschiff-Neubau *Vaterland* vom Stapel (um die Helling freizubekommen, nicht um ihn fertigzubauen!), und unmittelbar darauf wurde die *Bismarck*, das größte von dieser Werft je gebaute Kriegsschiff, in Dienst gestellt. Diese Aufnahme ist kurz nach der Indienststellungsfeier entstanden, die Besatzung ist bereits weggetreten.

(Archiv Breyer)

Die Jagd auf die *Bismarck*
. . . und die Maßnahmen gegen die *Tirpitz*

Durch den bislang erfolgreichen Einsatz schwerer Einheiten gegen den britischen Geleitzugverkehr im Atlantik ermutigt, lief im Mai 1941 das Schlachtschiff *Bismarck* mit dem Kreuzer *Prinz Eugen* zu einer gleichen Operation (Unternehmen „Rheinübung") aus. Bei dem Versuch, durch die Dänemarckstraße in den Atlantik durchzubrechen, stießen die deutschen Einheiten auf schwere britische Streitkräfte. Es kam zum Gefecht, wobei der britische Schlachtkreuzer *Hood* nach schweren Treffern explodierend sank und das Schlachtschiff *Prince of Wales* beschädigt abdrehte. Für die Engländer war diese Niederlage Anlaß, selbst weit entfernt stehende Kräfte zur Jagd auf die deutschen Schiffe heranzuziehen. Wenige Tage später gelang es ihnen, die *Bismarck* zu stellen und auszuschalten. Wie jene Operationen verliefen und wie sich das Kesseltreiben darstellte, zeigt diese Karte. Es bedeuten dabei:

① Schwere Kreuzer *Norfolk* und *Suffolk*
② Schlachtkreuzer *Hood* und Schlachtschiff *Prince of Wales*
③ Schlachtschiff *King George V.*, Schlachtkreuzer *Repulse*, Flugzeugträger *Victorious*, Leichte Kreuzer *Kenya*, *Galathea*, *Aurora* und *Hermione* mit sechs Zerstörern
④ Schlachtschiff *Rodney* mit drei Zerstörern
⑤ Schlachtschiff *Revenge*
⑥ Schlachtschiff *Ramillies*
⑦ Leichter Kreuzer *Edinburgh*
⑧ Fünf Zerstörer
⑨ Schwerer Kreuzer *London*
⑩ Schlachtkreuzer *Renown*, Flugzeugträger *Ark Royal*, Leichter Kreuzer *Sheffield* und sechs Zerstörer
⑪ Schlachtschiff *Nelson*

(Zeichnung Verfasser)

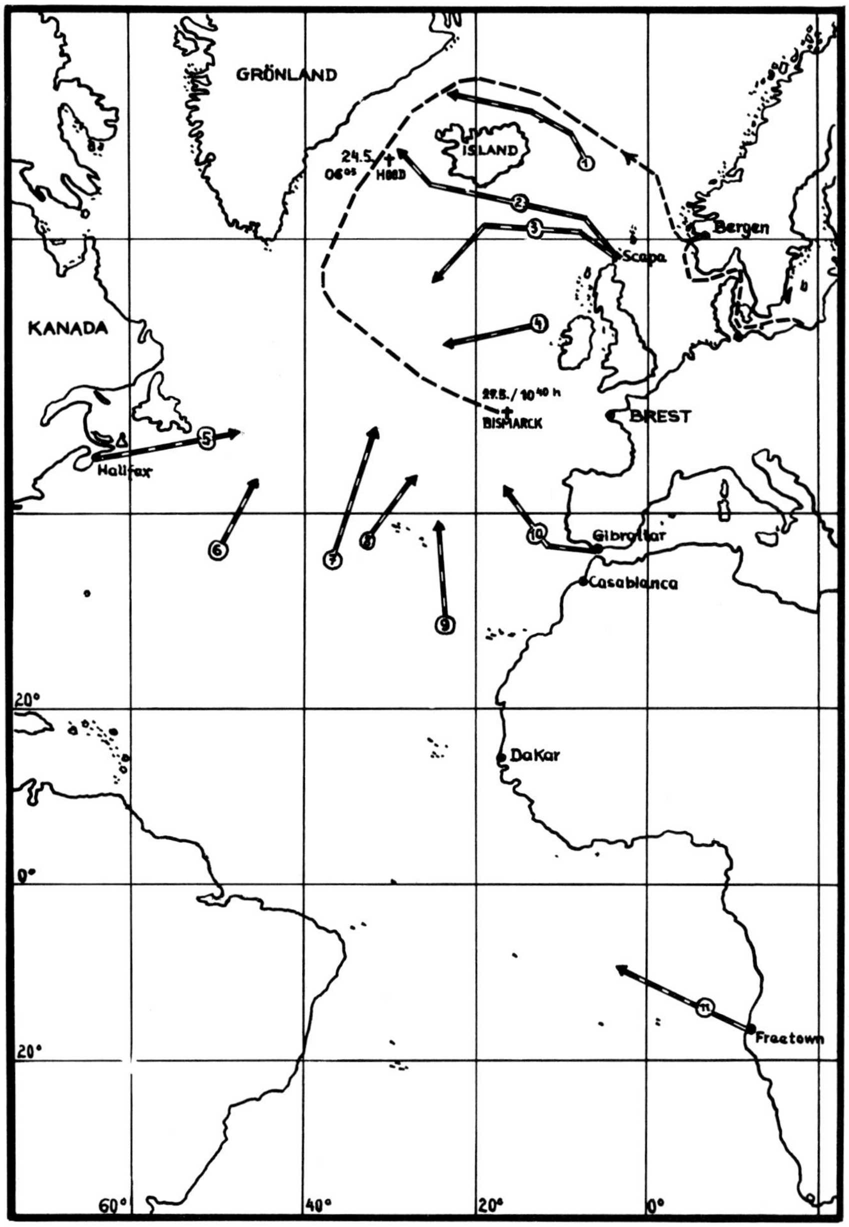

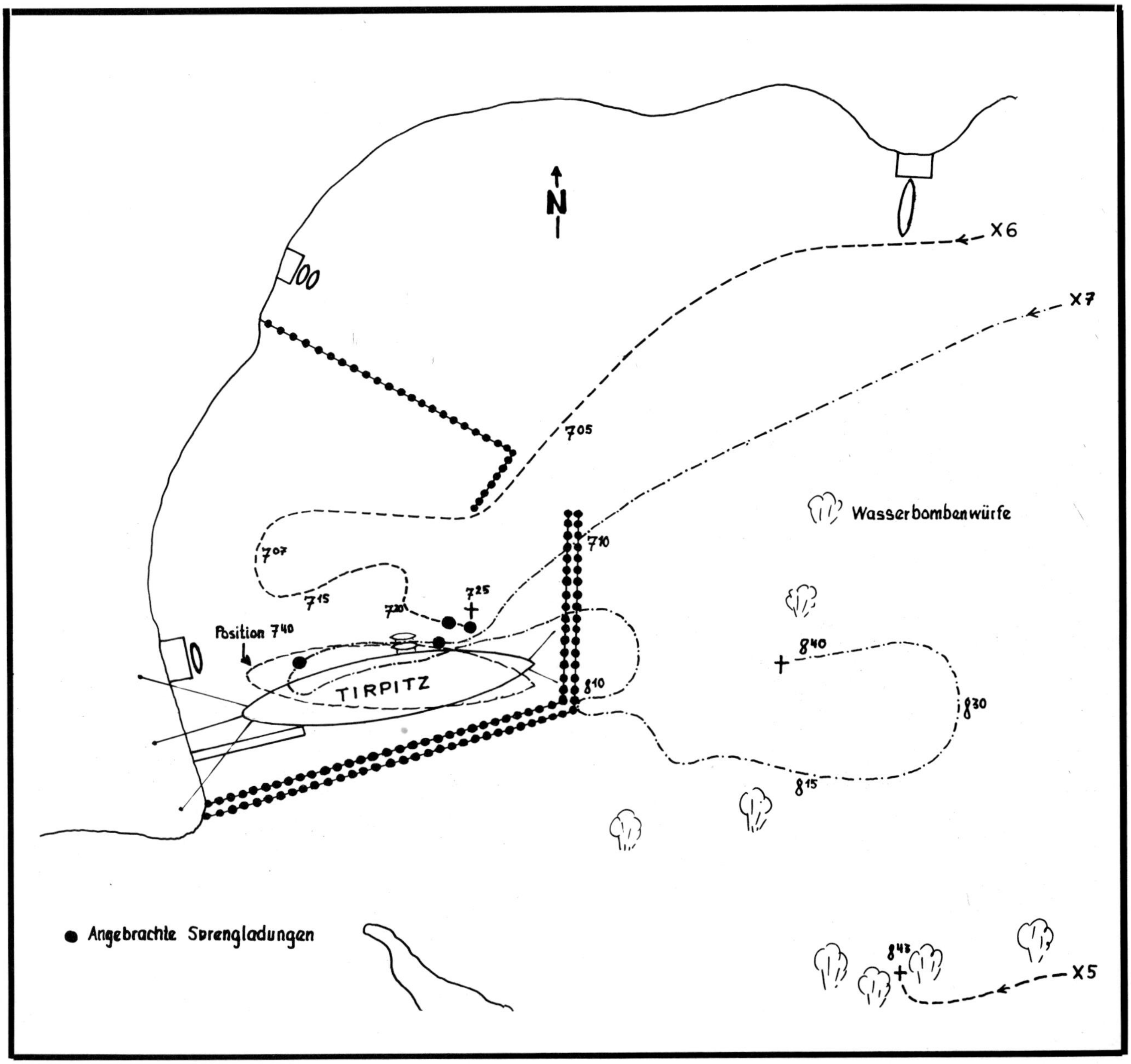

Im September 1943 starteten die Engländer ihre Operation „Source“. Diese hatte zum Ziel, das im Kaafjord in Nordnorwegen liegende Schlachtschiff *Tirpitz* auszuschalten. Hierzu wurden die Klein-U-Boote *X 5, X 6, X 7, X 8, X 9* und *X 10* eingesetzt, die von großen U-Booten bis zum Fjordeingang geschleppt worden waren. Von diesen Klein-U-Booten gelang es nur *X 6* und *X 7,* in den Netzkasten einzudringen, in dem sich die *Tirpitz* befand, und dort ihre Grundminen anzubringen. Durch deren Detonation wurde die *Tirpitz* erheblich beschädigt und fiel für Monate aus. Die Skizze zeigt, auf welchen Wegen die Klein-U-Boote eindrangen und wann und wo sie selbst vernichtet wurden (Kreuze). Weiter wird deutlich gemacht, wie die *Tirpitz* ihre Position zu verändern versuchte, nachdem auf ihr das Eindringen der Klein-U-Boote bemerkt worden war. (Zeichnung: Verfasser)

Tirpitz: „Fleet in being" im Norden

Von Januar 1942 ab war das Schlachtschiff *Tirpitz* in Norwegen stationiert, von wo es nicht mehr zurückkehren sollte. Zunächst lag sie im Raum von Drontheim, ab Frühjahr 1943 nördlich des 70. Breitengrades, in der Nähe zum Eismeer und den feindlichen Geleitzugrouten. Zwar nahm die *Tirpitz* nur an wenigen Operationen teil, doch band sie — gewissermaßen als „fleet in being" — allein durch ihre Anwesenheit und potentielle Bedrohung beträchtliche gegnerische Kräfte. Die Engländer unternahmen daher erhebliche Anstrengungen, um sie unschädlich zu machen: Zuerst kamen sie mit von Flugzeugen geworfenen Wasserbomben, danach mit Klein-U-Booten und Grundminen, schließlich mit Trägerflugzeugen und Bomben, aber einen nachhaltigen Erfolg vermochten sie nicht zu verbuchen. Schließlich schickten sie landgestützte Bomber. Zwar mißlangen die beiden ersten Angriffe, aber der dritte — am 12. November 1944 — führte zum Erfolg: Von mehreren 5,45-Tonnen-Bomben direkt oder in unmittelbarer Nähe getroffen, kenterte sie, wobei mehr als 1200 Mann der Besatzung ihr Leben verloren. Das letzte deutsche Schlachtschiff war damit ausgeschaltet, endgültig. Daß sich die Engländer schwer taten, als sie ab 1942 immer wieder versuchten, die *Tirpitz* auszuschalten, war auf deren umfangreiche Sicherungsmaßnahmen zurückzuführen. Hierzu gehörten Netzsperren, um feindlichen Kleinkampfmitteln das Herankommen zu verwehren. Das Bild auf der linken Seite zeigt die *Tirpitz* 1943 im Faettenfjord (bei Drontheim) liegend. Auf dieser Seite eine Aufnahme vom Juli 1944, als sie im Kaafjord lag. Die Netzsperren sind auf beiden Bildern deutlich zu sehen. (BfZ)

Anhang

Die Vorbereitungen zum Bau von Superschlachtschiffen in Deutschland 1939*

* *Benutzte Quellen*

1. US Naval Technical in Europe, Technical Report No. 526—45 — Projected Battleships of German Navy
2. Diverse Besprechungsprotokolle, Zahlenzusammenstellungen, Bauzeichnungen usw. der in dieses Programm einbezogenen Werften, vornehmlich der AG „Weser“ in Bremen (Deschimag)
3. International Military Tribunal (IMT), Bände XXXIV und XXXV
4. Fuehrer Conferences on Naval Affairs 1939—1945, in: Brassey's Naval Annual 1948
5. Raeder, Mein Leben, Band II, Tübingen 1957
6. Bensel, Die deutsche Flottenpolitik 1933—1939, Frankfurt/M. 1958
7. Bidlingmaier, Seegeltung in der deutschen Geschichte, Darmstadt 1967
8. Fuchs, Der deutsche Kriegsschiffbau von 1939 bis 1945, in: Wehrtechnische Monatshefte 2/1959
9. Ruge, Der Seekrieg 1939—1945, Stuttgart 1954 und 1962
10. Dülffer, Weimar, Hitler und die Marine, Düsseldorf 1973
11. Wagner (Herausgeber), Lagevorträge des Oberbefehlshabers der Kriegsmarine vor Hitler 1939—1945, München 1971
12. Salewski, Die deutsche Seekriegsleitung 1939—1945, München 1973—1975

Der Abschluß des deutsch-britischen Flottenabkommens vom 18. Juni 1935 gab der deutschen Kriegsmarine die Möglichkeit, die Fesseln abzustreifen, die ihr durch den Versailler Vertrag angelegt worden waren. Mit dem Flottenabkommen verpflichtete sich die Reichsregierung, daß die Gesamttonnage der deutschen Flotte nie den Prozentsatz von 35 der tatsächlichen britischen Tonnage überschreiten werde und daß dieses Stärkeverhältnis auch auf die Tonnage in jeder einzelnen Schiffskategorie (Schlachtschiffe, Flugzeugträger, Kreuzer, Zerstörer, U-Boote) Anwendung finden sollte. Auf die Kategorie „Schlachtschiffe" bezogen, bedeutete dies für die Kriegsmarine zunächst eine zulässige Gesamttonnage von 183 750 ts, wobei von den 525 000 ts ausgegangen wurde, die die britische Marine im Rahmen des Washingtoner Flottenvertrages von 1922 für Schlachtschiffe zugestanden bekommen hatte[1]. Von diesen 183 750 ts waren 30 000 ts für die drei Panzerschiffe der *Deutschland*-Klasse aber bereits „verbraucht", so daß für den Neubau „echter" Schlachtschiffe noch 153 750 ts zur Verfügung waren[2]. Hieraus konnten in den Jahren 1935 und 1936 vier Schlachtschiffe — nämlich *Scharnhorst* und *Gneisenau* zu je 26 000 ts und *Bismarck* und *Tirpitz* zu je 35 000 ts — in Bau gegeben werden, womit die verfügbare Tonnage bis auf einen Rest von 31 750 ts ausgeschöpft wurde[3].

Am 4. März 1939 übermittelte die britische Regierung eine Note, mit der sie ihre voraussichtliche Gesamttonnage an Schlachtschiffen bis Ende 1943 mitteilte, nämlich 711 000 ts für insgesamt 21 Einheiten. Davon ausgehend, standen Deutschland 35 v. H. gleich 248 000 ts zu, von denen die bereits vorhandenen und im Bau befindlichen Schiffe (7 mit zusammen 152 000 ts) abzurechnen waren, so daß also noch 96 500 ts verfügbar blieben. Dementsprechend sah der deutsche Marinehaushalt im Jahre 1938 die Mittel für zwei weitere Schlachtschiffe, *H* und *J*, vor. War bisher die Größe, d. h. die Standardwasserverdrängung

[1] Der Washingtoner Flottenvertrag lief endgültig 1936 ab. Vertragsstaaten waren seinerzeit Großbritannien, die USA, Japan, Frankreich und Italien. Für diese Staaten endete damit auch die Baupause für Schlachtschiffe, zu der sie sich seinerzeit verpflichtet hatten. Die „qualitativen Bestimmungen" für den Bau von Schlachtschiffen — keine höhere Standardverdrängung als 35 000 ts, kein höheres Geschützkaliber als 40,6 cm — blieben jedoch zunächst (bis 1938) weiterhin gültig.

[2] Trotz ihrer geringen Größe von offiziell nur 10 000 ts rechnete diese zur Kategorie der Schlachtschiffe, weil ihr Hauptkaliber das Kaliber von 20,3 cm überschritt, das den auf maximal 10 000 ts begrenzten Kreuzern der Kategorie „A" (allgemein „Heavy Cruisers", Schwere Kreuzer, bezeichnet) auf Grund der internationalen Flottenabkommen als Höchstkaliber zugewiesen worden war.

[3] Daß diese Schiffe später größer wurden, war nicht vorgeplant, sondern ergab sich aus der Entwicklung der militärischen Notwendigkeiten.

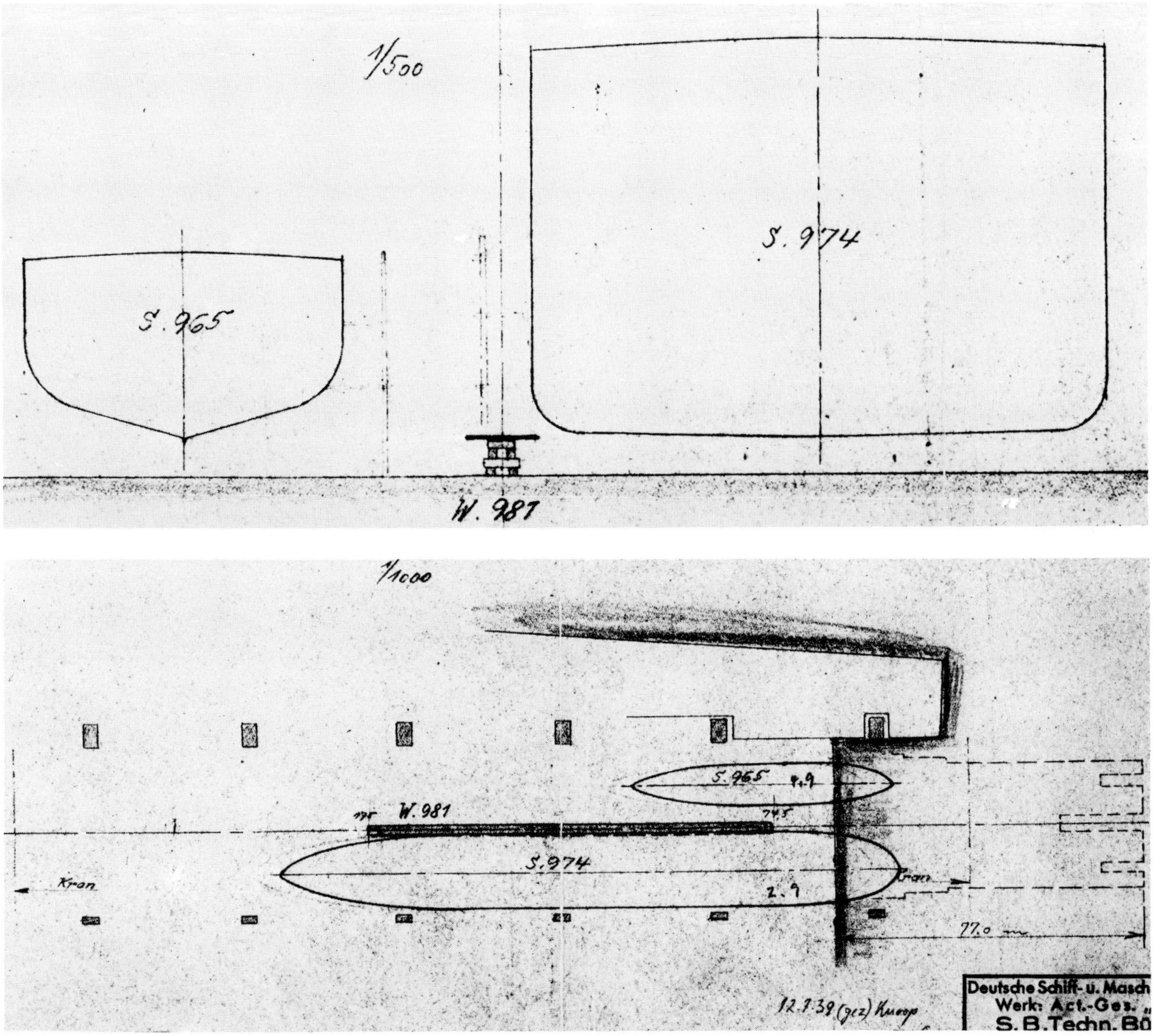

Diese von der Aktiengesellschaft „Weser“ stammende Übersichtszeichnung, datiert vom 12. Juli 1939, zeigt die Belegung der Helling V in jenen Tagen. Um zwei Schiffe handelte es sich: Das kleinere (Baunummer 956) war der für die Kriegsmarine bestimmte Schlepper *Atlantik*, das größere (Baunummer 974) die *Rheinfels*, ein Motorfrachtschiff. Dazwischen hat man eine etwa 100 m lange Kielsektion des Schlachtschiffes *J* (Baunummer 981) eingezeichnet. Links oben wird diese Hellingbelegung von hinten gesehen dargestellt. Man kann hier leicht feststellen, daß diese Helling mit ihrer Länge von rund 200 m nicht ausgereicht haben würde. Genau wie bei dem Schnelldampfer *Bremen* hätte auch diesmal die 77 m lange Vorhelling in Anspruch genommen werden müssen.

(Archiv Breyer)

von Schlachtschiffen auf Grund der bereits dargelegten Vertragslage die im Hinblick auf die sog. „qualitativen“ Bestimmungen auch für das Deutsche Reich bindend geworden waren! — auf höchstens 35 000 ts festgelegt, so wurde sie am 30. Juni 1938 durch ein besonderes Protokoll auf nunmehr 45 000 ts heraufgesetzt. Das bedeutete, daß mit den heranstehenden Neubauten *H* und *J* diese Größe hätte voll ausgenutzt werden können.

Die Standard- oder Typverdrängung dieser Schiffe sollte offiziell in dieser Größenordnung angegeben werden; so werden in einer Niederschrift des Oberkommandos der Kriegsmarine vom 18. Februar 1938 die im Rahmen des vertraglich vereinbarten Nachrichtenaustausches vorzunehmenden Angaben über die tatsächlichen und die anzugebenden Typverdrängungen dieser Schlachtschiff-Neubauten gegenübergestellt, wobei offensichtlich auf drei verschiedene Typentwürfe von *H* Bezug genommen ist[4]:

Die Zuspitzung des deutsch-britischen Verhältnisses führte Ende 1938 zum „Z-Plan“, dessen Kern eine Anzahl schwerbewaffneter Großkampfschiffe mit großem Fahrbereich sein sollte. Dieser Plan war die konsequente Fortführung des strategischen Gedankens, der bereits zum Bau der Panzerschiffe der *Deutschland*-Klasse geführt hatte. Bis dahin hatte Hitler gehofft, mit Großbritannien zu einem politischen Übereinkommen zu gelangen. Seine Politik stieß jedoch auf immer schärfere Ablehnung Großbritanniens, das er deshalb ab Ende 1938 zu den möglichen Gegnern rechnen mußte. Bei der Überprüfung einer etwaigen zukünftigen Seekriegführung gegen Großbritannien ergaben sich zwei Alternativen. Die erste erwog einen reinen Handelskrieg mit U-Booten und Panzerschiffen und wäre verhältnismäßig schnell und weniger kostspielig zu verwirklichen gewesen, doch erschien sie zu einseitig ausgerichtet. Die andere Alternative war dagegen nur langfristig und mit großem Kostenaufwand zu verwirklichen, bot aber wesentlich

	Länge	Breite	Typverdrängung		Tiefgang	
			wahre	angegebene	wahrer	angegebener
	m	m	ts	ts	m	m
H-I	254,0	41,0	56 200	46 850	9,60	8,40
H-II	254,0	41,0	56 200	45 000	9,60	8,15
H-III	254,0	41,0	56 200	43 000	9,60	7,85

[4] OKM, A-21-1 — Typfragen, Schiffbauplan (in: International Military Tribunal [IMT], Bd. XXXIV, S. 188).

weiterreichende Wirkungsmöglichkeiten, wenngleich sie auch — aus heutiger Sicht gesehen — die Möglichkeiten des Kriegsflugzeuges übersah. Sie war auf den Bau einer zahlenmäßig nicht allzu großen, dafür aber ausgewogenen und sehr kampfkräftigen Flotte abgestellt, die außer der Handelskriegführung auch mit Aussicht auf Erfolg gegen feindliche Flottenstreitkräfte operieren konnte. Obwohl Großadmiral Raeder als seinerzeitiger Oberbefehlshaber der Kriegsmarine mit Nachdruck darauf hinwies, daß dieser langfristige Plan zu einem „Flottentorso" führen würde, falls noch während seiner Ausführung ein Krieg mit Großbritannien ausbricht, beharrte Hitler darauf. Nach seiner Meinung glaubte er die Flotte nicht vor 1946 für seine politischen Zwecke brauchen zu müssen.

Die Marine veranschlagte für die Durchführung des „Z-Planes" etwa zehn Jahre, also bis zum Jahre 1948/49. Zu diesem Zeitpunkt sollte sich dann die Flotte wie folgt zusammensetzen, wobei die bereits vorhandenen Einheiten mit hinzugezählt waren:

10 Schlachtschiffe
3 Schlachtkreuzer
3 Panzerschiffe
4 Flugzeugträger
5 Schwere Kreuzer
22 Leichte Kreuzer
22 Spähkreuzer
68 Zerstörer
90 Torpedoboote
249 U-Boote
10 Minenschiffe
75 Schnellboote
227 Geleitboote, Minensuchboote, U-Jäger und dgl.

Endziel war die Indiensthaltung von insgesamt 800 Einheiten und eine Personalstärke von 201 000 Mann. Dafür waren insgesamt 33 Milliarden Reichsmark vorgesehen.

Hitler genehmigte diesen „Z-Plan" am 17. Januar 1939, doch forderte er die Durchführung innerhalb von sechs Jahren anstatt von zehn Jahren, wie sie die Marine in Aussicht genommen hatte. Zehn Tage später, am 27. Januar, erteilte er der Marinerüstung den absoluten Vorrang vor dem weiteren Aufbau von Heer und Luftwaffe und vor der Exportwirtschaft.

Fast alle neuzubauenden Kriegsschiffe sollten mit Dieselmotoren oder gemischten Anlagen — Dieselmotoren und Turbinen — angetrieben werden, um dadurch einen möglichst großen Fahrbereich zu erzielen. Krieg zur See gegen die Lebensadern Englands konnte nur im Atlantik geführt werden, weil es auf seine überseeischen Zufuhren angewiesen war. Die Voraussetzung für einen erfolgreichen Krieg im Atlantik war der große Fahrbereich der dort operierenden Kriegsschiffe. Der Dieselmotor wurde so zur großen Hoffnung der Marine.

Ihre strategische Konzeption beruhte auf:

1. dem Mineneinsatz im britischen Küstenvorfeld und dem Handelskrieg im weiteren Küstenvorfeld durch U-Boote;
2. dem ozeanischen Zufuhrkrieg durch Panzerschiffe, Kreuzer, Hilfskreuzer und U-Boote;
3. auf der Bindung britischer Seestreitkräfte an das Inselreich durch eine eigene Bereitschaftsflotte („fleet in being“)[5].

Durch den Zufuhrkrieg auf allen Ozeanen mit Panzerschiffen, Kreuzern usw. sollte die britische Marine gezwungen werden, ihre Geleitzüge durch starke Flottenverbände zu sichern. Gegen diese stark gesicherten Geleitzüge sollten dann starke eigene Kampfgruppen angesetzt werden, die sich aus jeweils mehreren der neuen Großkampfschiffe, einem Flugzeugträger und einer starken Sicherung von Spähkreuzern und Zerstörern zusammensetzten. Ihr Ziel sollte sein, die Geleitzüge zu stellen und aufzureiben, insbesondere aber deren schwere Sicherungskräfte niederzukämpfen.

[5] Als Kern dieser „fleet in being“ waren die Schlachtschiffe der *Scharnhorst*- und der *Bismarck*-Klasse vorgesehen.

Abgesehen von einem etwaigen Einsatz im Kriege sollte diese Flotte — vor allem die neuen Großkampfschiffe — auch eine politische Rolle spielen. Der Sinn ihres Baues lag nicht nur darin, mit ihnen eine erhebliche militärische Überlegenheit zu gewinnen, sondern wohl mehr noch in der Hoffnung, daß Großbritannien eher zum Einlenken und zu einem Ausgleich bereit sein würde, wenn der Aufbau der neuen Flotte und besonders der Bau der Großkampfschiffe — denen von britischer Seite zunächst nichts Gleichwertiges gegenübergestellt werden konnte — beendet war. Hitler hoffte also offenbar, mit dem Bau dieser

Im Sommer 1939 erfolgte die Kiellegung der beiden ersten Super-Schlachtschiffe des „Z-Planes“. Ihre Fertigstellung sollte in der zweiten Hälfte des Jahres 1943 erfolgen, doch der bald darauf ausgebrochene Krieg verhinderte die Realisierung dieses Vorhabens. Wie energisch seinerzeit die Verwirklichung dieser Pläne betrieben wurde, läßt sich am Beispiel des zweiten Schiffes (Baubezeichnung *J*) dokumentieren, mit dessen Bau die Werft Deschimag AG in Bremen betraut worden war. Auf ihrer Helling V lagen das Motorfrachtschiff *Rheinfels* der „Hansa“ Deutsche Dampfschiffahrtsgesellschaft Bremen und der Kriegsmarine-Schlepper *Atlantik*, als am 15. August 1939 der Kiel des Super-Schlachtschiffes gestreckt wurde. Erst nachdem die *Rheinfels* am 2. September und die *Atlantik* am 9. September 1939 vom Stapel gelaufen waren, stand diese Helling ausschließlich für den Schlachtschiff-Neubau zur Verfügung. Diese Aufnahme entstand in den ersten Septembertagen 1939 und zeigt in der Bildmitte seinen heranwachsenden Kiel. Rechts im Bild die noch auf der Helling liegende *Atlantik*. Drei Wochen später schon wurde der Auftrag für das Super-Schlachtschiff sistiert und das Material bald danach wieder abgetragen. Auf der linken Ablaufbahn war kurz zuvor die *Rheinfels* abgelaufen. ▷

(Archiv Breyer)

neuen Flotte zu einem Machtinstrument zu gelangen, das nicht nur geeignet war, den Frieden mit Großbritannien zu erhalten, sondern dieses darüber hinaus veranlassen würde, eine andere Politik Deutschland gegenüber zu betreiben. Dabei mag Hitlers alter Wunsch, mit Großbritannien zu einem Bündnis zu gelangen, eine nicht unwesentliche Rolle gespielt haben. Ein solches Bündnis hätte für ihn bedeutet, mit Hilfe dieser bündnisfähigen Flotte zur Sicherung des Bestandes des britischen Imperiums beizutragen, um seinerseits für die eigenen politischen Ziele freie Hand auf dem europäischen Kontinent zu erhalten.

Der Verwirklichung des „Z-Planes" standen allerdings noch die vertraglichen Abmachungen von 1935 entgegen. Deshalb waren rechtzeitige politische Verhandlungen über eine Ergänzung dieses Vertrages in Aussicht genommen. Hierzu sollte es jedoch nicht mehr kommen, denn nach der Besetzung der Rest-CSSR im März 1939 verschärften sich die Spannungen zwischen dem Reich und Großbritannien ganz erheblich. Spätestens von diesem Zeitpunkt an war unverkennbar, daß man künftig mit der Gegnerschaft Großbritanniens rechnen müsse, solange jedenfalls, als das Reich infolge seiner freiwillig auf sich genommenen maritimen Schwäche am kürzeren Hebelarm saß. Die deutsche Reaktion darauf war die Kündigung des Flottenvertrages am 28. April 1939. Sie hatte jedoch nur noch formale Bedeutung, denn inzwischen waren die Weichen der deutschen Flottenaufrüstung ohnehin gestellt worden.

Probleme der Bauzeit

Angesichts der inzwischen veränderten politischen Lage war es sozusagen von selbst notwendig, den Schlachtschiffbau schlagartig und mit größter Beschleunigung durchzuführen. Dabei waren die Einzelheiten und Eigenschaften der Schiffe so lange wie möglich geheimzuhalten, ähnlich wie seinerzeit beim Bau der *Dreadnought.* Deshalb hatte man schon frühzeitig mit den zum Bau derart großer Schiffe geeigneten Privatwerften Verbindung aufgenommen: Blohm & Voß, Hamburg, Aktiengesellschaft „Weser", Bremen, und Deutsche Werke AG, Kiel. Hierbei ging es zunächst um die notwendige Vergrößerung der Werftanlagen. Blohm & Voß sowie die Aktiengesellschaft „Weser" erklärten sich zur Anlage großer Baudocks bereit, für die im Haushaltsjahr 1938 von der Marine erhebliche Zuschüsse zur Verfügung gestellt wurden; Blohm & Voß erhielt 65 Millionen Reichsmark, die Aktiengesellschaft „Weser" 48 Millionen. Darüber hinaus entstanden auch in Wilhelmshaven zwei große Baudocks[6].

Von allergrößter Bedeutung war die Frage der Bauzeit, die zunächst von den einzelnen Werften unterschiedlich veranschlagt wurde. Hierüber fand am 12. Juli 1938 im Oberkommando der Kriegsmarine eine Besprechung mit Vertretern der Aktiengesellschaft „Weser“ statt; auf deren Anfrage, wann mit dem Eingang der erforderlichen Bauunterlagen zu rechnen sei, erhielten sie die Auskunft, daß am 1. Dezember 1938 der Linienriß zu erwarten wäre, anschließend bis zum 1. März 1939 der Hauptspantenriß, die Bauvorschrift, die Hauptspantzeichnung und die Einrichtungspläne. Rechtzeitige Materiallieferungen voraussetzend, nannten die AG-„Weser“-Vertreter daraufhin den 1. Juni 1939 als frühestmöglichen Kiellegungstermin und als Hellingbauzeit 30 Monate. Es könnte also am 1. Dezember 1941 mit dem Stapellauf und nach weiteren 20 Monaten Ausrüstungszeit am 1. August 1943 mit der Ablieferung des ersten von ihr zu erbauenden Schlachtschiffes gerechnet werden. Das zweite an sie zu vergebende Schiff würde dann, sollte es auf einer Helling gebaut werden müssen, am 1. Januar 1942 — also vier Wochen nach dem Stapellauf des ersten Schiffes — auf Stapel gelegt werden, so daß es bei sonst gleichen Bauzeiten am 1. März 1944 vom Stapel laufen und am 1. November 1945 abgeliefert werden könnte. Sollte jedoch das Baudock rechtzeitig fertig werden, so wäre mit einer Vorverlegung dieser für das zweite Schiff geltenden Termine um jeweils drei Monate zu rechnen, also Kiellegung am 1. Oktober 1941, Stapellauf am 1. April 1944 und Ablieferung am 1. Dezember 1945. Die Marine hielt diese Bauzeiten für zu lang und machte geltend, daß die bereits befragten anderen Privatwerften kürzere Bauzeiten genannt hätten, und zwar Blohm & Voß 28 Monate, die Deutschen Werke in Kiel sogar nur 22 Monate Hellingbauzeit; als Ausrüstungszeit hätten beide ebenfalls 20 Monate veranschlagt. Bei dieser Besprechung wurde seitens der Marine noch einmal mit aller Deutlichkeit dargelegt, daß alle Schlachtschiff-Neubauten bis Ende 1944 fertiggestellt sein müssen und daß alles zu geschehen hat, um dieses Ziel zu erreichen.

[6] Das B & V-Dock wurde noch während des Krieges fertig und ist erhalten geblieben. Das AG „Weser“-Dock hingegen wurde nicht mehr fertig und mußte nach Kriegsende auf britischen Befehl hin zerstört werden. Von den Wilhelmshavener Baudocks („Dock VII“ und „Dock VIII“) war bis Kriegsende eines fertig und das andere noch im Bau. Für diese waren bis Ende 1943 25 bzw. 8 Millionen Reichsmark ausgegeben worden, für die in ihrem Bereich ganz neu angelegte „Nordwerft“ 40 Millionen. Das „Dock VII“ in Wilhelmshaven dient heute als Freibad.

Die Forcierung des Bauprogramms

Wenn die sechs Schlachtschiff-Neubauten politisch zur Wirkung kommen sollten, dann mußten sie — wie bereits an anderer Stelle dargelegt — schlagartig gebaut werden. Um sie tatsächlich in der vorgeschriebenen Frist bewältigen zu können, waren umfassende Maßnahmen erforderlich. So entschied man sich nach eingehender Prüfung, einem einzigen Mann die gesamte Durchführung des Schlachtschiff-Programms verantwortlich zu übertragen und ihm hierzu alle notwendigen Vollmachten zu geben. Mit dieser Aufgabe wurde dann Konteradmiral Werner F u c h s betraut, der seit März 1938 Chef der Flotten-Abteilung im Oberkommando der Kriegsmarine war.

Die Maßnahmen, die nunmehr ergriffen wurden, waren fast beispiellos:

1. Blohm & Voß wurde für die Konstruktionsarbeiten federführend und hatte die übrigen Werften mit entsprechendem Material zu beliefern.
2. Die Kriegsmarine richtete in Hamburg ein eigenes Arbeitsbüro ein, um dort gemeinsam mit Blohm & Voß die Konstruktionsarbeiten durchzuführen. Dort sollte jede notwendige Entscheidung innerhalb von drei Tagen getroffen werden; einmal ergangene Entscheidungen durften weder abgeändert noch aufgehoben werden.
3. Materialbestellungen sollten zwecks richtiger Verteilung nur gemeinsam mit Blohm & Voß vergeben werden. Hierzu sollte Blohm & Voß allein die Bestellisten mit allen Angaben über Dringlichkeit, Umfang, Lieferzeit und Lieferanten aufstellen.
4. Gleichzeitig hatte Blohm & Voß Terminpläne für die Lieferung von Schiffbaumaterial, Panzermaterial, Motoren usw. auszuarbeiten. Alle Werften hatten rechtzeitig Lagerplätze frei zu machen, da mit der Anlieferung von KC-Panzermaterial und der Türme der Mittelartillerie schon sehr frühzeitig gerechnet werden konnte.
5. Die Stahlwerke sollten einen Verbindungsmann benennen, der für die günstigste Verteilung der Schiffbaumaterial-Aufträge auf die einzelnen Stahlwerke sorgen sollte. Wenig benutzte Profile waren für alle Schiffe gemeinsam zu bestellen.
6. Sämtliche Materiallieferungen galten als vordringlich gegenüber allen anderen Belangen der Rüstung und der Wirtschaft.
7. Die Vordringlichkeit hatte auch für den Ausbau der beteiligten Werften zu gelten.
8. Mit Rücksicht auf die gebotene Geheimhaltung sollten in Bestellscheinen usw. niemals mehr als zwei Schiffe gleichzeitig erwähnt werden.
9. Gleichzeitig sollte für die Bereitstellung der erforderlichen Facharbeiter (die AG „We-

Mit dem Ziel, den Bau der größten Kriegsschiffe aufnehmen zu können, war eine wesentliche Erweiterung der Kriegsmarinewerft Wilhelmshafen vorgesehen. Diese Karte zeigt links unten den Bauhafen mit der alten Bauwerft und darüber die geplante umfangreiche „Nordwerft". Dort waren drei große Baudocks (Docks VII, XIII und IX) vorgesehen, und in diesen hätten dann Super-Schlachtschiffe des Z-Planes gebaut werden sollen. Die Docks VII und VIII sind noch begonnen, aber nicht mehr fertiggestellt worden. Noch heute sind ihre Baugruben vorhanden, inmitten eines Gebietes, das jetzt vorwiegend Erholungszwecken dient. (Foto: Drüppel)

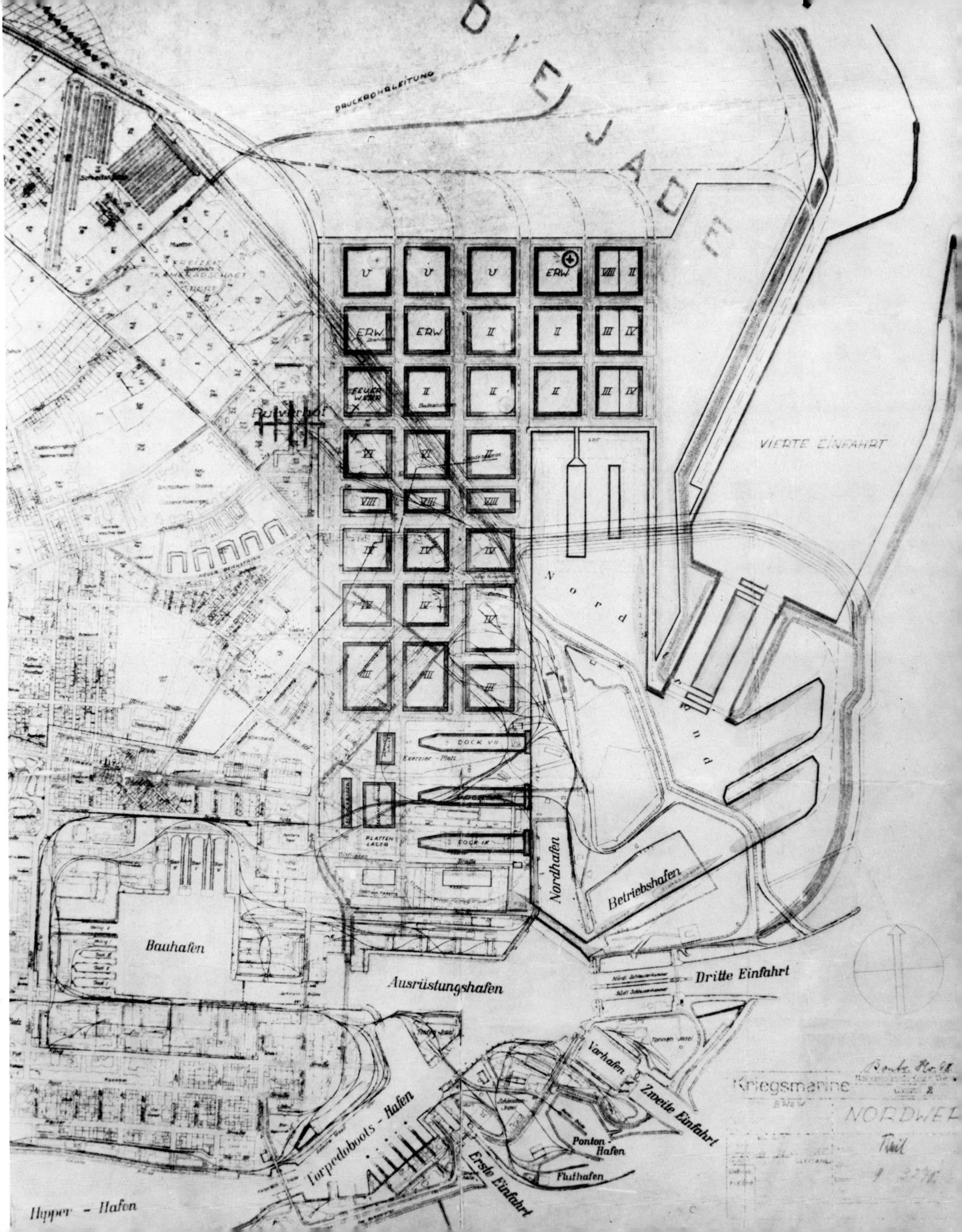
JADE
DRUCKROHRLEITUNG
VIERTE EINFAHRT
Pulverhof
FEUERWEHR
ERW
DOCK VII
Exerzier - Platz
PLATTEN LAGER
DOCK IX
Nordhafen
Betriebshafen
Bauhafen
Ausrüstungshafen
Dritte Einfahrt
Vorhafen
Zweite Einfahrt
Ponton-Hafen
Fluthafen
Erste Einfahrt
Torpedoboots - Hafen
Hipper - Hafen
Kriegsmarine

ser“ forderte allein 5000 an, worin allerdings die zur Erweiterung der Werftanlagen einschließlich des Dockbaues benötigten Arbeitskräfte mit inbegriffen waren!) gesorgt werden und für diese ein umfangreiches Wohnungsbauprogramm anlaufen (gefordert waren 1000 Wohnungen mit Mieten von etwa 20 Reichsmark!).

Am 21. Februar 1939 schlug Blohm & Voß auf Grund eigener vorläufiger Berechnungen und Untersuchungen folgende Termine für den Bau der einzelnen Schiffe vor:

Schiff *H* Blohm & Voß, Bau-Nr. 525) — Kiellegung 1. September 1939, Stapellauf 15. Juli 1941.

Schiff *J* (AG „Weser“, Bau-Nr. 981) — Kiellegung 1. September 1939, Stapellauf 1. September 1941.

Schiff *K* (Deutsche Werke, Bau-Nr. 264) — Kiellegung 1. Oktober 1940, Stapellauf 1. Oktober 1942.

Schiff *L* (Kriegsmarinewerft Wilhelmshaven, Bau-Nr. 130) — Kiellegung 1. März 1940, Stapellauf 1. März 1942.

Schiff *M* (Blohm & Voß, Bau-Nr. 526) — Kiellegung 1. Oktober 1940, Stapellauf 1. Oktober 1942.

Schiff *N* (AG „Weser“, Bau-Nr. 982) — Kiellegung 1. März 1940, Stapellauf 1. März 1942.

Die Schiffe *J* und *M* sollten in den bis dahin fertigzustellenden neuen großen Baudocks erbaut werden; bei ihnen war unter „Stapellauf“ das Datum des erstmaligen Aufschwimmens zu verstehen.

Maßgebend für das Einhalten der Stapellauftermine war vor allem die rechtzeitige Anlieferung der Hauptmotoren, Getriebe und E-Maschinen für die Seitenwellen, weil diese v o r dem Stapellauf und vor dem Schließen des darüber befindlichen Panzerdecks in die einzelnen Räume eingebracht und eingebaut werden mußten.

Für die AG „Weser“ stand indessen bald fest, daß der Bau ihres zweiten Schlachtschiffes zu dem angesetzten Termin nicht möglich sein würde, weil ihr neues Baudock auch mit aller gewährten Hilfe bis zum vorgesehenen Zeitpunkt der Kiellegung (1. Oktober 1940) nicht

Nach dem Ende des Zweiten Weltkrieges schöpften auch die westlichen Alliierten das Wissen der für den deutschen Kriegsschiffbau zuständigen Offiziere und Beamten ab. Dabei erhielten sie erstmals konkrete Daten und Fakten über die Schlachtschiffe des Z-Planes. Diese vom Juni 1945 datierenden Aufzeichnungen (Seiten 161 und 163) stammen von dem damaligen Ministerialrat Dipl.-Ing. Otto Riedel, der von Anfang 1939 bis Mitte 1940 Leiter des Sonderkonstruktionsbüros war, das für den Bau der neuen Schlachtschiffe eingerichtet worden war. (BfZ)

Schlachtschiff H.

6 Schlachtschiffe H–N, entworfen 1937–39 im Oberkommando der Kriegsmarine Hauptamt Kriegsschiffbau. Bauzeit 4½ Jahr. Bauauftrag erteilt an Blohm & Voß-Hamburg, (H), Deschimag-Bremen, Kriegsmarinewerft Wilhelmshaven. Blohm & Voß: erste Werkstatt- u. Bestellzeichnungen Januar 1939. Kiellegung 15.7.1939. Baustillgelegt Oktober 1939. 120ot verbaut, 3500t in Arbeit, 12000t bestellt.

Hauptabmessungen

Länge zwischen den Loten	266,00	m
über Alles	277,75	"
Breite auf Spanten	37,00	"
Höhe vom WLO bis Mitte Mallkante Oberdeck (bis Seite Oberdeck 15,70 m)	15,92	"
Batteriedeck	13,435	"
Panzerdeck	11,00	"
Freibord	5,70	"
Konstruktionstiefgang (Konstruktionstiefe 10,0 m)	10,024	"
Konstruktionsverdrängung ohne Außenhaut und Anhänge	54783	m^3
mit " " "	55604	"
" " " "	56438	t

21 wasserdichte Abteilungen, 3 Ruder, 4 Dockkiele, 4 Ablaufschlitten, Ablaufgewicht 32000 t

Maschinenanlage

3 Wellen, je Welle 4 – 9 Cylinder MAN-Motoren, Zweitakt-Diesel, Rädergetriebe, Synchronkupplung, Maschinendrehzahl 255 max/min

WPS im Dauerbetrieb	150 000
WPS max	165 000
Höchstgeschwindigkeit in tiefem Wasser bei 10,00 m Tiefgang	30 Knoten
Schrauben-Durchmesser	4,8 m
" Steigung " " "	4,7 "
" Drehzahl	260 ^{U}/min
Fahrbereich bei 19 Knoten	16000 Sm.

Gleichstromleistung der E-Werke 9200 KW, Wechselstromleistung 1070 KVA, 4 E-Werke
E-Werk I u. II je: 2 Diesel-Generatoren je 920 KW, 1 Diesel-Gen. 460 KW, 1 W-Umformer 150 KVA
" " III u. IV " " " " " " " " +350 KVA " " 35 KVA

2 Öl-Hilfskessel unter Panzerdeck, 2 Abgas-Kessel über Panzerdeck

Bewaffnung

8 – 40,6 cm SKC/34 in 4 – 40,6 cm Drh. LC/34
12 – 15 cm SKC/28 in 6 – 15 cm Drh. LC/34 (gefordert waren 16 Rohre)
16 – 10,5 cm SKC/33 n.T. in 8 – 10,5 cm Drh. LC/38
12 – 3,7 cm SKC/33 in 6 Doppel-L C/31
4 – 3,7 cm SKC/36 in 2 Doppel-L mit Panzerkuppel.
24 – 2 cm Flak C/35 in 6 – 2 cm Vierlingslafette C/38

6 ↓ Torpedorohre
4 Flugzeuge (Arado 196) in 2 Hallen, 1 Katapult

Panzer

Gürtelpanzer	300/180 mm	Kommandoturm vorn	385 mm
Kasemattpanzer	150 "	" hinten	150 "
Bug- und Heckpanzer	60 "	Panzerdeck	100 "
Panzer-Querschotte	220 "	" Böschung	120 "
Barbetten SA, oben/unten	365/240 "	Oberdeck	50 "
" MA	80 "	neben den SA-Türmen	80 "
Längssplitterschotte über PD	30/25 "	außerhalb der Zitadelle	30 "
Quer- " " "	25 "	Splitterschutz allgemein	14–20 "
Torpedoschott	45 "		

Riedel 31.5.45

so gefördert werden konnte, um mit dem Bau eines solchen Schiffes beginnen zu können. Man erwog daher zunächst als Zwischenlösung eine andere große Helling in ihrer Richtung und in ihrem Bau so zu verändern, daß ein Schiff dieser Größe aufgelegt werden konnte[7].

Zeichneten sich bei der Lieferung der Hauptmotoren noch gewisse Schwierigkeiten ab, so lagen die Verhältnisse bei der Lieferung des Panzermaterials erheblich günstiger. So konnte die Firma Krupp im Februar 1939 einen bindenden Terminplan vorlegen, der folgende Lieferfristen vorsah:
Erstes großes Panzerquerschott 13 Monate vor Stapellauf,
zweites großes Panzerquerschott 12 Monate vor Stapellauf,
erstes kleines Panzerquerschott 10 Monate vor Stapellauf,
zweites kleines Panzerquerschott 9 Monate vor Stapellauf,
letzte schwere Barbette[8] 5 Monate vor Stapellauf,
letzte Barbette der Mittelartillerie 5 Monate vor Stapellauf,
letzte schwere Seitenpanzerplatte[9] 9 Monate nach Stapellauf,
letzte Zitadellpanzerplatte 12 Monate nach Stapellauf,
vorderer Kommandostand 18 Monate vor Ablieferung,
achterer Kommandostand 16 Monate vor Ablieferung,
Schacht des vorderen Kommandostandes 17 Monate vor Ablieferung,
Schacht des achteren Kommandostandes 15 Monate vor Ablieferung,
Drehhauben 6 Monate vor Ablieferung.

Die vorläufige Berechnung der Baukosten ergab für *H* 240,5 Millionen Reichsmark, für *J* 237,6 Millionen. Bei den anderen Schiffen war mit ähnlichen Beträgen zu rechnen, so daß für alle diese 6 Schiffe überschläglich etwa 1,5 Milliarden Reichsmark hätten aufgewendet werden müssen.

Technische Probleme der Werften

Für die vier auf den Hellingen zu bauenden Schiffe waren im Hinblick auf ihren Stapellauf besondere Vorbereitungen notwendig, denn ihr Ablaufgewicht lag rechnerisch bei 32 500 Tonnen. Es lag damit also an zweiter Stelle hinter dem damals größten Ablaufgewicht, dem des 1936 vom Stapel gelaufenen britischen Fahrgastschiffes *Queen Mary*. Erforderlich wurden

[7] Gemeint war die „Helling IV“, von der am 1. Juli 1939 der Schwere Kreuzer *L (Lützow)* vom Stapel gelaufen war. Auf „Helling V“, von der als letztes großes Kriegsschiff am 19. Januar 1939 der Schwere Kreuzer *K (Seydlitz)* zu Wasser gelassen worden war, sollte das Schlachtschiff *J* erbaut werden.

[8] Größtes Gewicht einer einzelnen Platte 46 Tonnen.

[9] Größtes Gewicht einer einzelnen Platte 25 Tonnen.

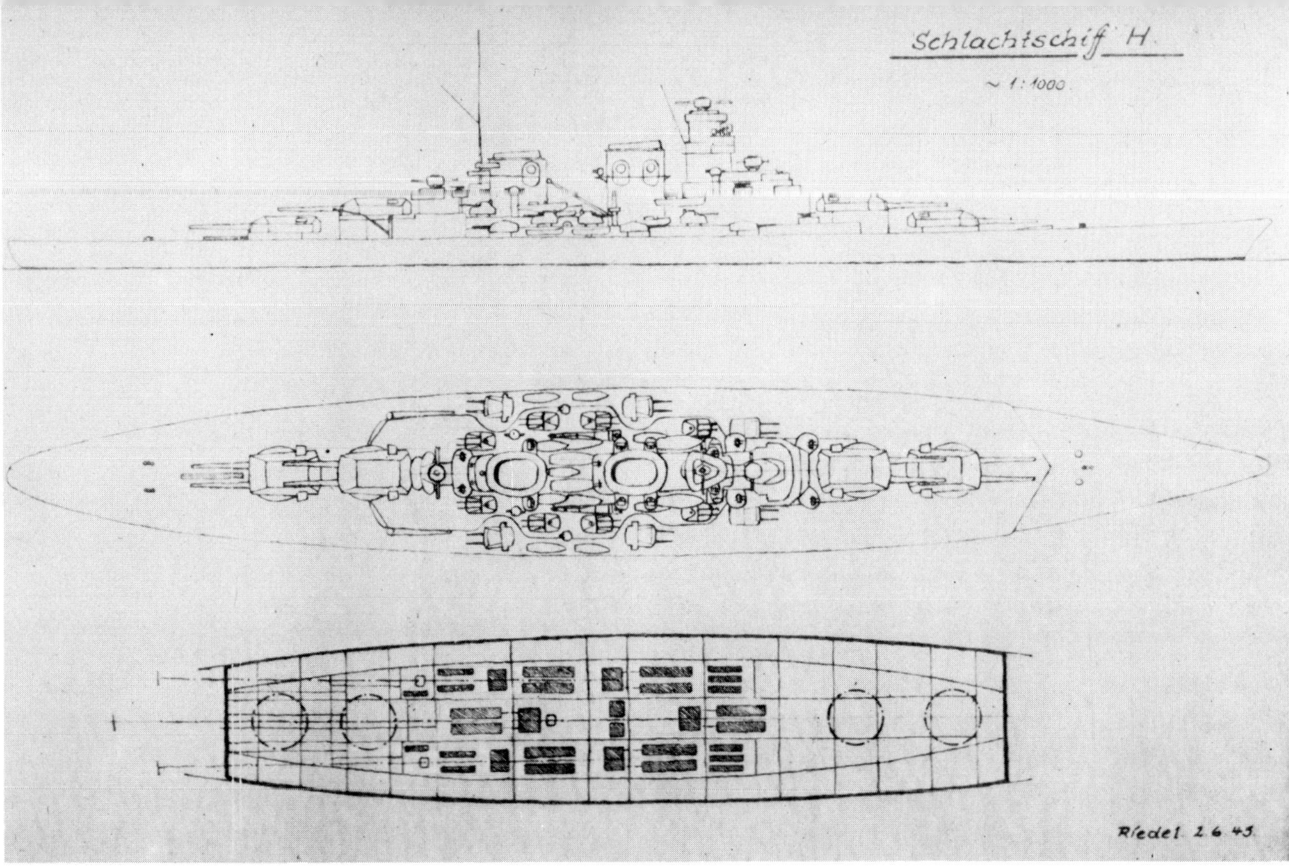
Schlachtschif H.
~1:1000
Riedel 2.6.43

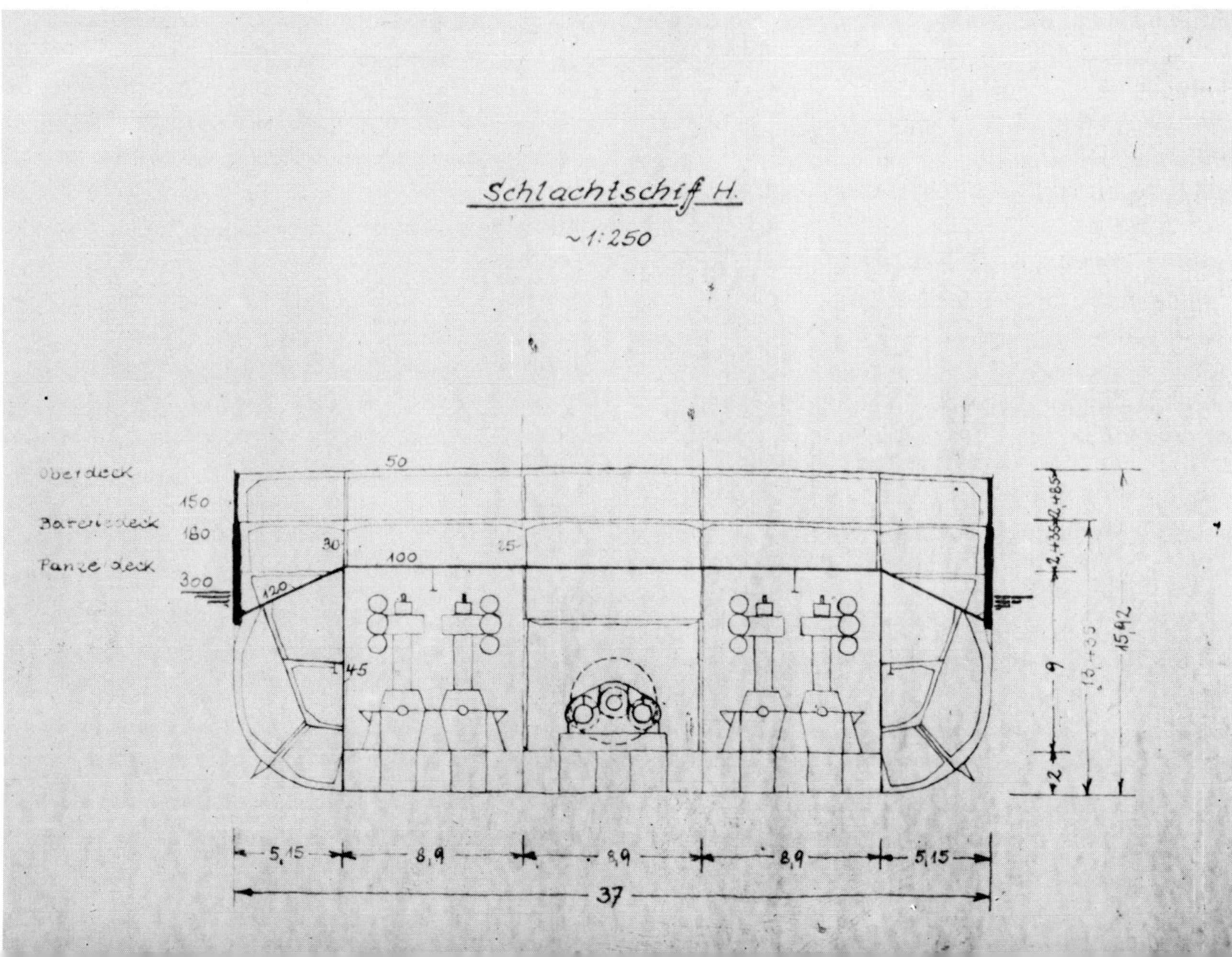
Schlachtschif H.
~1:250
Oberdeck
Panzerdeck
50
150
180
30
100
25
300
120
45
9
2
15,92
5,15
8,9
8,9
8,9
5,15
37

damit zwei Trageschlitten und zwei Stützschlitten zu je 2 Meter Breite mit einer Belastung von 260 t/m^2. Auf jedem Schlitten lastete an Vorkante Helling der größte Druck mit 12 500 Tonnen, während der Aufschwimmdruck auf 7500 Tonnen berechnet wurde. Die notwendige Wassertiefe an Vorkante Helling war auf 2,8 Meter veranschlagt. All das bedeutete erhebliche Veränderungen an den in Frage kommenden Hellingen, die noch längst nicht abgeschlossen waren, als die Schiffe auf Stapel gelegt wurden bzw. gelegt werden sollten.

Wie dringend die Hellinge für den Schlachtschiffbau benötigt wurden, geht aus dem Beispiel der Aktiengesellschaft „Weser" hervor. Auf der „Helling V", die für den Bau des Schlachtschiffes *J* vorgesehen waren, lagen der Kriegsmarine-Schlepper *Atlantic* und das Motorfrachtschiff *Rheinfels* auf Stapel. Während an beiden noch gebaut wurde, legte man zwischen ihnen den Kiel des Schlachtschiffes *J*. Erst vom 9. September 1939 ab stand diese Helling dann ausschließlich für *J* zur Verfügung, also drei Wochen nach seiner Kiellegung[10].

Besondere schiffbauliche Probleme

Die gegenüber Schiffen mit Turbinen-Antrieb grundsätzlich andere Konstruktion dieser Schiffe erforderte ein ganz anderes Vorgehen während des Baues auf der Helling. Darüber wurden sich die Vertreter aller in Frage kommenden Werften in zwei gemeinsamen Sitzungen am 17. und am 21. Februar 1939 einig. Die Bauweise der Hauptmotoren, die keine Grundplatten üblicher Art mehr besaßen, machte einen Bruch mit der herkömmlichen Schiffbau-Methode — vor der Mitte ausgehend nach den Enden zu aufzubauen — erforderlich. Das bedeutete, daß das Hinterschiff von der Mitte ausgehend so weit forciert werden mußte, daß es nach 15 Baumonaten als „fest" bezeichnet werden konnte; Aufbau und Schweißungen mußten so weit vorgeschritten sein, daß die Motoren ohne Risiko des Verziehens eingebaut werden konnten. Das Prinzip bestand darin, daß das Motorengestell, das oben die Zylinder trägt, unmittelbar an entsprechend gefertigte Längsverbände (Längsspanten) angeschlossen wurde. Für den Einbau der Hauptmotoren wurden in drei Decks Einbauöffnungen von je 3 x 8 Meter vorgesehen[11]. Die Motoren sollten in zerlegtem Zustand eingebracht werden, wobei jeweils mit Einzelgewichten von 25 bis 30 Tonnen gerechnet wurde. Das machte die Bereitstellung von entsprechend leistungsfähigen Hellingkränen erforderlich. Man sah dabei vor, zuerst die seitlichen Motoren einzubringen und sie provisorisch zusammensetzen[12], weil ihr

[10] *Rheinfels* lief am 2. September, *Atlantic* am 9. September 1939 vom Stapel.

[11] Für den Einbau der Getriebe waren Öffnungen von je 3 x 6 Meter vorgesehen.

[12] Dafür veranschlagte die MAN jeweils 71 Tage.

endgültiges Ausrichten erst vorgenommen werden konnte, wenn das Schiff im Wasser lag. Dieser provisorische Zusammenbau sah jedoch den festen Einbau des mit dem Zylinderblock fest verbundenen Fundaments[13] vor, so daß für das endgültige Ausrichten ein kompakter Block zur Verfügung stand. Sechs Wochen nach dem Einbringen der seitlichen Motoren sollte dann mit dem Dichtsetzen des Panzerdecks begonnen werden; die Öffnungen über den mittleren Motorenräumen sollten aber erst nach dem Stapellauf geschlossen werden. $5^1/_2$ Monate vor dem Stapellauf hätte das Panzerdeck bis auf die mittleren Einbauöffnungen dicht sein sollen.

Für das endgültige Ausschnüren der Wellenmitten und der Aufbauebene für die Hauptmotoren und die Getriebe waren auf die als Fundamente gestalteten Träger aufzuschweißende Paßleisten vorgesehen, die nach der Wellenmitte ausgerichtet werden konnten. Auf die so gewonnene Ebene hätten dann die auf ihre Unterbauten gesetzten Hauptmotoren und die Getriebe fest aufmontiert werden können.

Baubeginn und Baufortschritte

Die Ausschaltung aller bisherigen Zuständigkeiten und Instanzen sowie die beispiellosen Vollmachten hatten Erfolg. Schien es zunächst, als könnte Blohm & Voß den Kiel des Schlachtschiffes *H* frühestens am 15. September 1939 und die Aktiengesellschaft „Weser" den des Schlachtschiffes *J* drei Monate später — also am 15. Dezember 1939 — legen, so wurde nunmehr das möglich, was unter bisherigen Verhältnissen kaum zu erwarten gewesen war: *H* konnte bereits Mitte Juli und *J* einen Monat später auf Stapel gelegt werden. Damit betrug die Phasenverschiebung zwischen beiden Schiffen nur einen Monat, anstatt — wie ursprünglich veranschlagt — drei Monate! Wäre nicht bald darauf der Krieg ausgebrochen, so hätten im September der Kiel des dritten *(L)* und im Oktober der des vierten Schiffes *(N)* gelegt werden können. Das waren wesentlich frühere Termine, als sie von Blohm & Voß noch am 21. Februar 1939 vorgeschlagen worden waren!

Blohm & Voß hatten den Auftrag für *H* am 14. April 1939 erhalten, und im Juli 1939 folgte der Auftrag für *M.* Im gleichen Sommerhalbjahr ergingen die Aufträge für die anderen Schiffe, und zwar an die Aktiengesellschaft „Weser" für *J* und *N,* an die Kriegsmarinewerft Wilhelmshaven für *L* und an die Deutsche Werke Kiel AG für *K.* Der Kiel von *H* wurde am 15. Juli 1939, der von *J* am 15. August 1939 gelegt.

Mit dem Kriegsausbruch fanden der „Z-Plan" und damit auch der Bau dieser Schlachtschiffe

[13] In den heute noch verfügbaren Unterlagen als „Gestell" bezeichnet.

ein jähes Ende, denn der Krieg hatte die deutsche Marine in einem Zeitpunkt überrascht, wo sie noch völlig unzureichend gerüstet der britischen Flotte gegenübergestellt wurde. Jetzt kam es entscheidend darauf an, den U-Bootbau zu fördern, denn das U-Boot war das „einzig wirksame operative Seekriegsmittel in der Zeit unserer Schwäche“[14].

Um die vorhandene Werftkapazität vor allem für den U-Bootbau frei zu machen, mußten als notwendige Voraussetzung alle großen Schiffe stillgelegt werden, soweit in absehbarer Zeit nicht mit ihrer Fertigstellung zu rechnen war. Das betraf vor allem die Schlachtschiffe *H* und *J*. Als an ihnen am 10. Oktober 1939 die Arbeiten eingestellt wurden, befanden sie sich zwar in einem Baustadium, das unter normalen Verhältnissen erst nach etwa 6 bis 8 Monaten erreicht worden wäre; dennoch konnte ihr Weiterbau angesichts der veränderten Situation nicht verantwortet werden. Bei *H* waren bis zu diesem Zeitpunkt 1200 Tonnen Material verbaut worden, 3500 Tonnen befanden sich in Arbeit und 12 000 Tonnen waren bestellt. Weniger weit war *J* vorgeschritten[15]. Insgesamt befanden sich bei Kriegsbeginn für drei Schiffe etwa 15 000 Tonnen Material auf den Werften in der Bearbeitung und weitere 30 000 Tonnen waren bereits abgewalzt. Für die noch nicht begonnenen Schiffe wurden die Aufträge annulliert, und zwar für *M* und *N* am 10. Oktober 1939, für *K* und *L* im Laufe des Jahres 1940. Fertiggestellt wurde jedoch ein Teil der für diese Schiffe bestimmten 40,6-cm-Geschütze, jedoch nicht mehr — so scheint es wenigstens — deren Türme[16]. Diese Geschütze wurden in festen Stellungen zur Küstenverteidigung eingebaut, wo sie unter dem Spitznamen „Adolf-Kanonen“ bekannt wurden. Vier davon befanden sich seit 1942/43 in Trondenes bei Harstad in Nordnorwegen, wo sie den strategisch wichtigen Zugang zum Eisenerzhafen Narvik sicherten. 1945 wurden sie von den Norwegern übernommen, und 1954 feuerten sie ihre letzten Übungssalven. Ende der 60er Jahre wurden sie zum Stückpreis von umgerechnet 16 000 DM an Schrottfirmen zum Kauf angeboten. Drei weitere Geschütze standen als „Batterie Lindemann“ am Cap Griz Nez an der Kanalküste und haben vermutlich den Krieg nicht überlebt.

[14] Ruge, Der Seekrieg 1939—1945, Tübingen 1954, S. 29.

[15] Die Aktiengesellschaft „Weser“ ist heute nicht mehr in der Lage festzustellen, wie weit *J* materialmäßig gekommen ist.

[16] Die Sowjetunion bemühte sich gegen Ende 1939 im Rahmen der zwischen ihr und dem Reich geschlossenen Wirtschaftsverträge auch die Türme von *H* und *J* zu erhalten. Hitler lehnte dies jedoch am 8. Dezember 1939 ab (IMT Bd. XXXIV, S. 682).

Tabellarische Übersichten

Nachfolgend sind alle diejenigen Großkampfschiffe aufgelistet, die in diesem ersten Bildband abgehandelt werden. Sie alle wurden jeweils innerhalb ihrer Klassen aufgeführt, und die ihnen folgenden Kurzangaben sollen über ihren Kampfwert informieren. Diese Angaben entsprechen jeweils dem Stand, den die Schiffe *zuerst,* d. h. bei ihrer Fertigstellung hatten. Umbauten und Umrüstungen blieben hier unberücksichtigt. Nicht fertiggestellte Einheiten sind durch ein §, in Verlust geratene durch ein † gekennzeichnet.

Alle nicht mehr begonnenen Einheiten blieben – außer einigen wenigen – unberücksichtigt.

Großbritannien

Name	Bauzeit	Einsatz-verdrängung ts	Geschwin-digkeit kn	Schwere Artillerie	Mittel-artillerie	Panzerdicken Seite mm	hori-zontal mm
Lord Nelson *Agamemnon*	1905—08 1905—08	17 820 bis 17 863	18,0	4—30,5 cm und 10—23,4 cm	—	305	102
Dreadnought	1905—06	21 845	21,0	10—30,5 cm	—	279	76
Invincible † *Inflexible* *Indomitable*	1906—08 1906—08 1906—08	19 975 bis 20 125	25,0	8—30,5 cm	16—10,2 cm	152	64
Bellerophon *Superb* *Temeraire*	1906—09 1906—09 1907—09	22 102	20,7	10—30,5 cm	16—10,2 cm	254	76
Collingwood *St. Vincent* *Vanguard †*	1907—10 1907—09 1908—10	23 030	21,0	10—30,5 cm	20—10,2 cm	254	76
Neptune	1909—11	22 720	21,0	10—30,5 cm	16—10,2 cm	254	76
Colossus *Hercules*	1909—11 1909—11	23 050	21,0	10—30,5 cm	16—10,2 cm	279	76
Indefatigable † *Australia* *New Zealand*	1909—11 1910—13 1910—12	22 080	25,0	8—30,5 cm	16—10,2 cm	152	51
Orion *Conqueror* *Monarch* *Thunderer*	1909—12 1910—13 1910—12 1910—12	25 870	21,0	10—34,3 cm	16—10,2 cm	305	102
Lion *Princess Royal* *Queen Mary †*	1909—12 1910—12 1911—13	29 680	27,0	8—34,3 cm	16—10,2 cm	229	64
King George V. *Centurion* *Ausdacious †* *Ajax*	1911—12 1911—13 1911—13 1911—13	25 700	21,7	10—34,3 cm	16—10,2 cm	305	102

Name	Bauzeit	Einsatz-verdrängung ts	Geschwin-digkeit kn	Schwere Artillerie	Mittel-artillerie	Panzerdicken Seite mm	hori-zontal mm
Iron Duke	1912—14	30 380	21,0	10—34,3 cm	12—15,2 cm	305	64
Benbow	1912—14						
Emperor of India	1912—14						
Marlborough	1912—14						
Tiger	1912—14	35 160	29,0	8—34,3 cm	12—15,2 cm	229	64
Agincourt	1911—14	30 250	22,4	14—30,5 cm	20—15,2 cm	229	38
Erin	1911—14	25 250	21,0	10—34,3 cm	16—15,2 cm	305	76
Canada	1911—15	28 600	22,7	10—35,6 cm	16—15,2 cm	229	102
Queen Elizabeth	1912—15	33 000	25,0	8—38,1 cm	16—15,2 cm	330	76
Valiant	1913—16						
Barham †	1913—15						
Malaya	1913—16						
Warspite	1912—15						
Revenge	1913—16	31 200	23,0	8—38,1 cm	14—15,2 cm	330	102
Ramillies	1913—17						
Resolution	1913—16						
Royal Oak †	1914—16						
Royal Sovereign	1914—16						
Renown	1915—16	32 074 bis 32 727	29,0	6—38,1 cm	17—10,2 cm	152	89
Repulse †	1915—16						
Courageous †	1915—17	22 690	31,0	4—38,1 cm	18—10,2 cm	76	76
Glorious †	1915—17						
Furious	1915—17	22 890	31,5	2—45,7 cm	11—14 cm	76	76
Hood †	1916—20	44 700	31,0	8—38,1 cm	12—14 cm	305	76
Nelson	1922—27	28 000	23,0	9—40,6 cm	12—15,2 cm	356	159
Rodney	1922—27						
King George V.	1937—40	44 460 bis 45 360	27,5	10—35,6 cm	16—13,3 cm	356	152
Prince of Wales †	1937—41						
Duke of York	1937—41						
Howe	1937—42						
Anson	1937—42						
Vanguard	1941—46	51 420	29,5	8—38,1 cm	16—13,3 cm	356	152

Deutschland

Name	Bauzeit	Einsatz-verdrängung ts	Geschwin-digkeit kn	Schwere Artillerie	Mittel-artillerie	Panzerdicken Seite mm	hori-zontal mm
Deutschland	1903—06						
Hannover	1904—07						
Pommern †	1904—07	13 993	18,0	4—28 cm	14—17 cm	240	97
Schlesien	1905—08						
Schleswig-Holstein	1905—08						
Nassau	1907—09						
Westfalen	1907—09	20 120	19,5	12—28 cm	12—15 cm	300	58
Rheinland	1907—10						
Posen	1907—10						
Helgoland	1908—11						
Ostfriesland	1908—11	24 312	20,0	12—30,5 cm	14—15 cm	300	45
Thüringen	1908—11						
Oldenburg	1909—12						
Blücher	1907—09	17 500	24,5	12—21 cm	8—15 cm	180	70
Von der Tann	1908—10	21 802	24,8	8—28 cm	10—15 cm	250	50
Moltke	1908—11	24 999	25,5	10—28 cm	12—15 cm	270	50
Goeben	1909—12						
Seydlitz	1911—13	25 146	26,5	10—28 cm	12—15 cm	300	80
Kaiser	1909—12						
Kaiserin	1910—13						
Friedrich der Große	1910—12	26 573	21,0	10—30,5 cm	14—15 cm	350	50
Prinzregent Luitpold	1910—13						
König Albert	1910—13						
König	1911—14						
Großer Kurfürst	1911—14	28 148	21,0	10—30,5 cm	14—15 cm	350	30
Markgraf	1911—14						
Kronprinz (Wilhelm)	1912—14						
Derfflinger	1912—14	30 707	26,5				
Lützow †	1912—15	bis	bis	8—30,5 cm	14—15 cm	300	80
Hindenburg	1913—17	31 987	27,0				

Name	Bauzeit	Einsatz-verdrängung ts	Geschwin-digkeit kn	Schwere Artillerie	Mittel-artillerie	Panzerdicken Seite mm	hori-zontal mm
Bayern *Baden* *Sachsen* *Württemberg*	1913—16 1913—16 1914 1915	31 691 bis 31 987	22,0	8—38 cm	16—15 cm	350	120
Mackensen *Graf Spree* *Ersatz Freya* *A*	1915—§ 1915—§ 1915—§ 1915—§	34 742	27,0	8—35 cm	14—15 cm	300	80
Lützow † (ex *Deutschland)* *Admiral Scheer †* *Admiral Graf Spee †*	 1929—33 1931—34 1932—36	15 900 bis 16 200	26,0	6—28 cm	8—15 cm	60 bis 80	40 bis 45
Scharnhorst † *Gneisenau †*	1935—39 1935—38	38 900	32,0	9—28 cm	12—15 cm	350	105
Bismarck † *Tirpitz †*	1936—40 1936—41	50 900 bis 52 600	29,0	8—38 cm	12—15 cm	320	120
H *J*	1939—§ 1939—§	62 497	30,0	8—40,6 cm	12—15 cm	300	120

Register

Fett gesetzte Zahlen weisen auf Bildseiten der genannten Schiffe hin.

Musterseite aus S. Breyer

Schlachtschiffe und Schlachtkreuzer 1905–1970

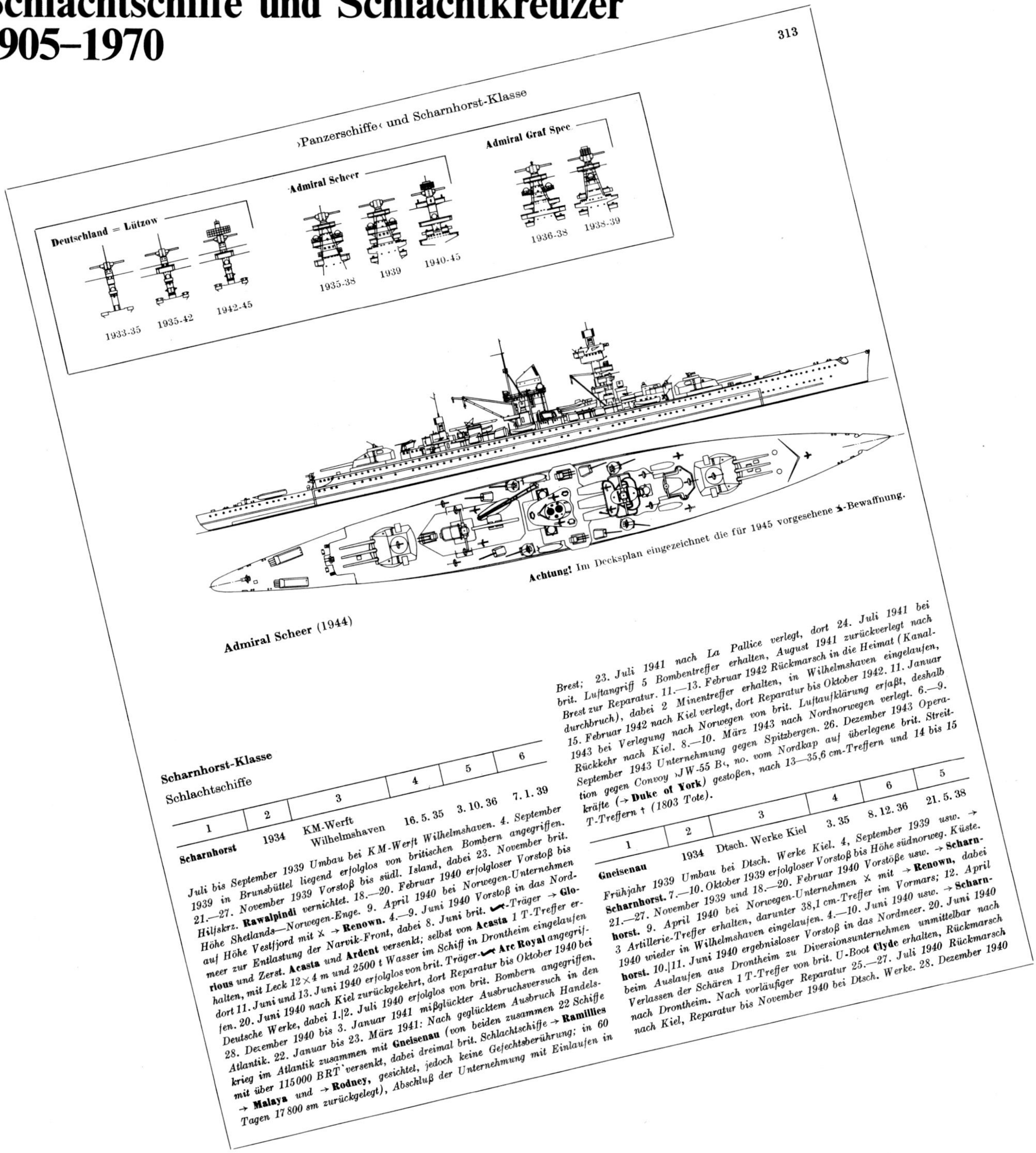

›Panzerschiffe‹ und Scharnhorst-Klasse

Achtung! Im Decksplan eingezeichnet die für 1945 vorgesehene ✈-Bewaffnung.

Admiral Scheer (1944)

Scharnhorst-Klasse

Schlachtschiffe

1	2	3	4	5	6
Scharnhorst	1934	KM-Werft Wilhelmshaven	16. 5. 35	3. 10. 36	7. 1. 39

Juli bis September 1939 Umbau bei KM-Werft Wilhelmshaven. 4. September 1939 in Brunsbüttel liegend erfolglos von britischen Bombern angegriffen. 21.—27. November 1939 Vorstoß bis südl. Island, dabei 23. November brit. Hilfskrz. **Rawalpindi** *vernichtet. 18.—20. Februar 1940 erfolgloser Vorstoß bis Höhe Shetlands—Norwegen-Enge. 9. April 1940 bei Norwegen-Unternehmen auf Höhe Vestfjord mit ⚔ →* **Renown.** *4.—9. Juni 1940 Vorstoß in das Nordmeer zur Entlastung der Narvik-Front, dabei 8. Juni brit. ✈-Träger →* **Glorious** *und Zerst.* **Acasta** *und* **Ardent** *versenkt; selbst von* **Acasta** *1 T-Treffer erhalten, mit Leck 12×4 m und 2500 t Wasser im Schiff in Drontheim eingelaufen dort 11. Juni und 13. Juni 1940 erfolglos von brit. Träger-✈* **Arc Royal** *angegriffen. 20. Juni 1940 nach Kiel zurückgekehrt, dort Reparatur bis Oktober 1940 bei Deutsche Werke, dabei 1./2. Juli 1940 erfolglos von brit. Bombern angegriffen. 28. Dezember 1940 bis 3. Januar 1941 mißglückter Ausbruchsversuch in den Atlantik. 22. Januar bis 23. März 1941: Nach geglücktem Ausbruch Handelskrieg im Atlantik zusammen mit* **Gneisenau** *(von beiden zusammen 22 Schiffe mit über 115000 BRT versenkt, dabei dreimal brit. Schlachtschiffe →* **Ramillies** *→* **Malaya** *und →* **Rodney,** *gesichtet, jedoch keine Gefechtsberührung; in 60 Tagen 17800 sm zurückgelegt), Abschluß der Unternehmung mit Einlaufen in Brest; 23. Juli 1941 nach La Pallice verlegt, dort 24. Juli 1941 bei brit. Luftangriff 5 Bombentreffer erhalten, August 1941 zurückverlegt nach Brest zur Reparatur. 11.—13. Februar 1942 Rückmarsch in die Heimat (Kanaldurchbruch), dabei 2 Minentreffer erhalten, in Wilhelmshaven eingelaufen, 15. Februar 1942 nach Kiel verlegt, dort Reparatur bis Oktober 1942. 11. Januar 1943 bei Verlegung nach Norwegen von brit. Luftaufklärung erfaßt, deshalb Rückkehr nach Kiel. 8.—10. März 1943 nach Nordnorwegen verlegt. 6.—9. September 1943 Unternehmung gegen Spitzbergen. 26. Dezember 1943 Operation gegen Convoy ›JW-55 B‹, no. vom Nordkap auf überlegene brit. Streitkräfte (→* **Duke of York**) *gestoßen, nach 13—35,6 cm-Treffern und 14 bis 15 T-Treffern † (1803 Tote).*

1	2	3	4	6	5
Gneisenau	1934	Dtsch. Werke Kiel	3. 35	8. 12. 36	21. 5. 38

Frühjahr 1939 Umbau bei Dtsch. Werke Kiel. 4. September 1939 usw. → **Scharnhorst.** *7.—10. Oktober 1939 erfolgloser Vorstoß bis Höhe südnorweg. Küste. 21.—27. November 1939 und 18.—20. Februar 1940 Vorstöße usw. →* **Scharnhorst.** *9. April 1940 bei Norwegen-Unternehmen ⚔ mit →* **Renown,** *dabei 3 Artillerie-Treffer erhalten, darunter 38,1 cm-Treffer im Vormars; 12. April 1940 wieder in Wilhelmshaven eingelaufen. 4.—10. Juni 1940 usw. →* **Scharnhorst.** *10./11. Juni 1940 ergebnisloser Vorstoß in das Nordmeer. 20. Juni 1940 beim Auslaufen aus Drontheim zu Diversionsunternehmen unmittelbar nach Verlassen der Schären 1 T-Treffer von brit. U-Boot* **Clyde** *erhalten, Rückmarsch nach Drontheim. Nach vorläufiger Reparatur 25.—27. Juli 1940 Rückmarsch nach Kiel, Reparatur bis November 1940 bei Dtsch. Werke. 28. Dezember 1940*